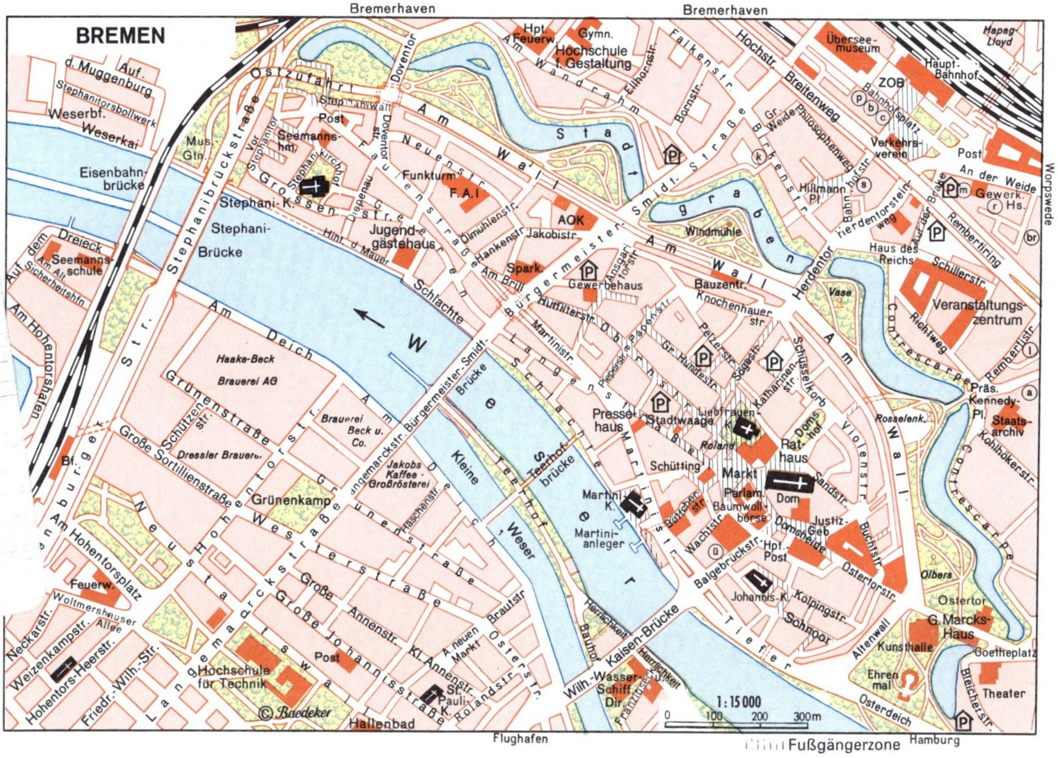

BREMEN
Bremerhaven
Bremerhaven
Worpswede
Flughafen
Hamburg
Fußgängerzone
1:15 000
0 100 200 300m
© Baedeker
d. Muggenburg
Auf.
Stephanitorsbollwerk
Weserbf.
Weserkai
Eisenbahn-brücke
Mus. Gtn.
Dreieck
Seemanns-schule
Auf dem
Am Alt. Sicherheitshfn
Am Hohentorshafen
Stephanibrückstraße
Ostzufahrt
Doventor
Stephaniwall
Post
Seemanns-hm.
Stephani-K.
Stephani-Brücke
Stephanikirchhof
Grossen str.
Diepenau
Doventor str.
Faulenstraße
Neuenstr.
Funkturm
F.A.I.
Jugend-gästehaus
Hint. d. Mauer
Schlachte
Am Wall
Stadtgraben
Hochschule f. Gestaltung
Gymn.
Hpt. Feuerw.
Am Wandrahm
Eduard-Grunow-Str.
Falkenstr.
Bornstr.
Hochstr.
Breitenweg
Philosophenweg
Gr. Weide
Birkenstr.
Hillmann-Pl.
Bahnhofstr.
Bahnhofsplatz
ZOB
Übersee-museum
Haupt-Bahnhof
Hapag-Lloyd
Verkehrs-verein
Post
An der Weide
Gewerk. Hs.
Auf der Brake
Rembertiring
Herdentorsteinweg
Haus des Reichs
Schillerstr.
Veranstaltungs-zentrum
Richtweg
Contrescarpe
Rembertistr.
Präs. Kennedy-Pl.
Staats-archiv
Kohlhökerstr.
Herdentor
Vase
Windmühle
AOK
Jakobistr.
Ölmühlenstr.
Hankenstr.
Spark.
Am Brill
Bürgermeister-Smidt-Straße
Ansgaritorstr.
Gewerbehaus
Hutfilterstr.
Martinistr.
Bauzentr.
Knochenhauerstr.
Obernstr.
Pelzerstr.
Gr. Hundestr.
Sögestr.
Pieperstr.
Papenstr.
Katharinenstr.
Schüsselkorb
Liebfrauen-K.
Presse-haus
Stadtwaage
Langenstr.
Roland
Domshof
Rat-haus
Markt
Schütting
Parlam.
Dom
Sandstr.
Violenstr.
Rosselenk.
Böttcherstr.
Baumwoll-börse
Justiz-Geb.
Domsheide
Buchtstr.
Ostertorstr.
Martini-K.
Martini-anleger
Wachtstr.
Hpt.-Post
Balgebrückstr.
Johannis-K.
Kolpingstr.
Schnoor
Tiefer
Olbers
Ostertor
G. Marcks-Haus
Kunsthalle
Altenwall
Ehren-mal
Goetheplatz
Theater
Bleicherstr.
Osterdeich
Teerhof
Teerhofbrücke
Bürgermeister-Smidt-Brücke
Kleine Weser
Weser
Herrlichkeit
Bauhof
Kaisen-Brücke
Wilh.-Kaisen-Brücke
Wasser-Schiff.-Dir.
Franziuseck
Am Deich
Haake-Beck Brauerei AG
Brauerei Beck u. Co.
Langemarckstr.
Jakobs Kaffee-Großrösterei
Häschenstr.
Grünenstraße
Schützenstr.
Dressler Brauerei
Große Sortillienstraße
Grünenkamp
Westerstraße
Große Johannisstraße
Annenstr.
Kl. Annenstr.
A. neuen Markt
Brautstr.
Osterstr.
Roland str.
St. Pauli-K.
Post
Hallenbad
Hochschule für Technik
Langemarckstraße
Neustadtswall
Hohentorstr.
Am Hohentorsplatz
Feuerw.
Woltmershauser Allee
Neckarstr.
Weizenkampstr.
Hohentors-Heerstr.
Friedr.-Wilh.-Str.
Bf.
Hamburger Str.

Baedekers

BREMEN
BREMERHAVEN

STADTFÜHRER
VON
KARL BAEDEKER

Mit 13 Karten und Plänen
und 28 Zeichnungen

KARL BAEDEKER
VERLAG

STERNCHEN (*)
als Mittel zur Hervorhebung bedeutender Bau- und Kunstwerke,
Naturschönheiten, Aussichten
oder auch besonders guter Hotels und Restaurants
hat Karl Baedeker im Jahre 1844 eingeführt;
sie werden auch hier verwendet.
Besonders Beachtenswertes ist durch ein Sternchen (*),
einzigartige Sehenswürdigkeiten sind durch zwei Sternchen (**) gekennzeichnet.

Zeichnungen: Katja Ungerer, Gerhard Gronwald (†), Renate Liertz
Karten und Pläne: Christoph Gallus, Hohberg

Titelbild:
Roland und Marktplatz
(Susanne Hinderks, Bremen)

Druck: Druckhaus Langenscheidt KG, Berlin-Schöneberg
Printed in Germany
ISBN 3-87954-060-8

VORWORT

Tabak und Wein, Kaffee und Baumwolle – Handelswaren hat Bremen seit jeher mit der ganzen Welt getauscht. Noch heute verbinden mehr als 10 000 Schiffe jährlich die Hansestadt Bremen und die Seestadt Bremerhaven mit etwa 1000 Häfen in allen Kontinenten. Als Auto- und Südfrucht-Umschlagplatz ist der Zwei-Städte-Staat europäischer Spitzenreiter. Der Schlüssel im Wappen der Hansestadt symbolisiert die Erschließung der Weltmärkte. Reich verzierte Bürgerhäuser und uneigennützige Stiftungen wie Bürgerpark und Böttcherstraße bezeugen Wohlstand. Der ist Geschichte. Inzwischen zählt Bremen zu den ärmeren Bundesländern. Doch daran denken Ratsherren und Reeder, Kaufleute und Kapitäne nicht, wenn sie sich nach alter Tradition zur alljährlichen Schaffermahlzeit im Rathaus einfinden – übrigens auch an der Jahrtausendwende noch reine Männersache.

Politisch setzt Bremen hartnäckig auf Selbständigkeit. Niemals waren die Bremer einem fremden Landesherren unterstellt. Mit dem Bau des Rathauses 1405 und der Errichtung einer Roland-Statue ein Jahr zuvor dokumentierte die Stadt ihren Selbstbestimmungsanspruch. Das sogenannte Bremer Haus, das an englische und holländische Reihenhäuser erinnert, gibt es sonst nirgends in der Bundesrepublik. Die Bremer sind eben eigen. 1806 wurde Bremen selbständiger souveräner Freistaat und nennt sich seitdem Freie Hansestadt. Heute ist Bremen das kleinste deutsche Bundesland. Seit dem Krieg sind die Sozialdemokraten mit wechselnden Koalitionspartnern an der Macht. Anfang der 70er Jahre wurde Bremens Universität gegründet, von den einen als "Rote Kaderschmiede" kritisiert, von den anderen als Reform-Uni begrüßt.

Erstmals beschrieb Karl Baedeker (1801 – 1859) die Hansestadt in seinem 1842 erschienenen "Reisehandbuch für Deutschland". Der vorliegende Reiseführer von Hermann Gutmann informiert über Bremen, die jüngere Schwester Bremerhaven und das Unterweser-Gebiet samt allen wesentlichen Sehenswürdigkeiten. Den Text der 7. Auflage bearbeitete Dr. Sabine von Mülmann.

Alle Angaben wurden sorgfältig geprüft. Bitte schreiben Sie uns, wenn Sie ergänzende Anregungen oder Berichtigungen vorschlagen wollen: Verlag Karl Baedeker GmbH, Redaktion, Postfach 40 11 20, 80711 München.

Karl Baedeker Verlag

INHALT

BREMEN

GESCHICHTE UND GEGENWART

STADTBESCHREIBUNG

AUSFLUGSZIELE

DIE UNTERWESER

BREMERHAVEN

GESCHICHTE UND GEGENWART

STADTBESCHREIBUNG

HELGOLAND

KARTEN UND PLÄNE

BREMEN

PRAKTISCHE ANGABEN VON A–Z

An- und Abreise

Autobahnen: Von Hamburg und vom Ruhrgebiet (Hansalinie mit Anschlußstellen Uphusen/Mahndorf, Hemelingen, Arsten und Brinkum). Von Bremerhaven und von Hannover mit Anschlußstellen Burglesum, Industriehafen, Freihafen, Horn-Lehe/Lilienthal (Universität), Vahr, Sebaldsbrück. Kreuzung beider Autobahnen im Bremer Kreuz am Ostrand der Stadt.

Bundesstraßen: B 75 von Hamburg und Oldenburg-Holland, *B 6* von Bremerhaven und Hannover, *B 51* von Osnabrück, *B 74* von Bremervörde. – Die touristische Ferienroute Grüne Küstenstraße läuft quer durch Bremen und verbindet die Hansestadt mit Dänemark und den Niederlanden. Die „Deutsche Märchenstraße " berührt Bremen. Sie führt von Hanau über Kassel weserabwärts nach Bremerhaven. Die Straße der „Weserrenaissance" endet in Bremen.

Straßenbrücken über die Weser: Autobahnbrücke der Hansalinie, Werderbrücke (im Volksmund: Erdbeerbrücke), Wilhelm-Kaisen-Brücke, Bürgermeister-Smidt-Brücke, Stephanibrücke. – Autofähren: Vegesack-Lemwerder, Blumenthal-Motzen und Farge-Berne; ferner Personenfähren.

→ Bahnhof und Bahnreise → Flughafen und Flugreise.

Auskunft

Verkehrsverein der Freien Hansestadt Bremen, Hillmannplatz 6, 28195 Bremen, Tel. 04 21/3 08 00-0, Fax 3 08 00-30.

Auskunftsstelle des Verkehrsvereins im Pavillon gegenüber dem Hauptbahnhof sowie Tourist-Information am Liebfrauen-Kirchhof, Mo–Mi, Fr 9.30–18.30, Do 9.30–20.30, Sa 9.30–14 Uhr, langer Sa wie beim Einzelhandel.

Auskunftsstelle des Zentral-Omnibusbahnhofs (ZOB) am Bahnhofsplatz, täglich 6–21 Uhr (Tel. 1 33 30).

Auto → An- und Abreise → Autovermietung → Pannenhilfe → Parken.

Autovermietung

Avis, Kirchbachstr. 200, Tel. 21 10 77; Flughafen, Tel. 55 80 55; Gröpelinger Heerstr. 245, Tel. 61 08-0.

Sixt-Budget rent a car, Flughafen, Tel. 55 20 81.

Hertz, Flughafen, Tel. 55 53 50.

Bäder

Freibäder: Stadion-Bad, Auf dem Peterswerder (beheizt); Heidberg-Bad in Bremen-Lesum (beheizt); Horner-Bad in Bremen-Horn, Vorstraße (beheizt); Schloßparkbad in Bremen-Sebaldsbrück, Schloßparkstr. (beheizt); Waller Seebad in Bremen-Walle, Waller Heerstr. (beheizt); Blumenthaler Freibad, Bremen-Blumenthal, Nähe Bockhorner Weg (beheizt).

Badeseen: Bultensee, Achterdiek-See, Stadtwaldsee, Waller See, Werdersee, Sodenmattsee.

Hallenbäder: Herbert-Ritze-Bad, Bremen-Vahr, Kurt-Schumacher-Allee; Fritz-Piaskowski-Bad, Bremen-Vegesack, Im Fährgrund 16 (Spaßbad); Hallenbad Süd, Bremen-Neustadt, Neustadtswall 81; Hallenbad West, Alter Winterweg 3; Hallenbad am Stadion, Auf dem Peterswerder; Aquadrom/Weserpark (Spaßbad mit Wellenbad, Riesenrutschbahnen), Hans-Bredow-Str. 17; Hallenbad Huchting, Delfter Str. 24; Hallenbad Tenever, Koblenzer Str. 3; Hallenbad Sebaldsbrück, Schloßparkstr. 44.

Bahnhof und Bahnreise

Hauptbahnhof nördlich der Altstadt, Auskunft Tel. 1 94 19. Ankunft aus Richtung Bremerhaven, Hamburg, Uelzen, Hannover, Ruhrgebiet und Oldenburg. Intercityzüge zu allen wichtigen Städten, ICE-Züge zweistündlich auf der Nord-Süd-Verbindung. Vorortsverkehr nach Burg-Vegesack. Nebenbahnhöfe im Stadtgebiet für den Personenverkehr in Walle, Oslebshausen, Burg, Lesum, St. Magnus, Schönbeck, Vegesack, Oberneuland, Sebaldsbrück, Mahndorf, Hemelingen, Neustadt. Verbundverkehr mit den angrenzenden Ortschaften.

Banken

Die Banken in der Bremer Innenstadt sind Mo–Mi 9–16.30, Do 9–18, Fr 9–15.30 Uhr geöffnet. Verlängerte Öffnungszeiten haben die Deutsche Verkehrs- und Kreditbank am Hauptbahnhof (Mo–Fr 7.30–19, Sa 8–12.15 und 13–16 Uhr) und die Deutsche Bank am Flughafen (Mo–Mi 8.30–13 und 14–16.30, Do 8.30–13 und 14–18, Fr 8.30–13 und 14–15.30 Uhr).

Bars

Capri, Fehrfeldstr. 35; *Katja's Nightclub,* Bahnhofstr. 5; *Little Ritz,* Schwachhauser Heerstr. 99; *Old Fashion,* Hillmann-Center. Bars auch in den meisten größeren Hotels; *Red Horse* Bahnhofsplatz 8.

Bibliotheken und Archive

Staatsarchiv Bremen, Am Staatsarchiv 1: Di, Mi 9–16, Do 9–20, Fr 9–15 Uhr. – Dokumentation der Geschichte Bremens seit dem Mittelalter (Urkunden, Akten, Karten, Flugblätter, Wappen-, Siegel-

und Münzsammlung, Fotos, Tondokumente; Ausstellungen und Veröffentlichungen). Spezialbibliothek zur Geschichte und Landeskunde Bremens.

Staats- und Universitätsbibliothek, Bibliotheksstr.: Mo–Fr 9–20, Sa 9–13 Uhr. – Ehemalige Staatsbibliothek, seit 1971 Universitätsbibliothek. Sammelt alle in Bremen erscheinenden und auf Bremen bezogenen Schriften (rd. 1,2 Mio. Bände) und Zeitschriften. Wertvolle Handschriften und Inkunabeln, Standortkatalog der deutschen Presse.

Stadtbibliothek Bremen, Schüsselkorb 15/16 (Zentrale) mit etwa 40 Stadtteilbibliotheken: Mo, Di, Do, Fr 11–18.30, Mi 14–18.30 Uhr, Sa 10–13 Uhr. Auskunft über Öffnungszeiten der Stadtteilbibliotheken einschließlich Musikbibliothek und Graphotek unter Tel. 3 61-44 65.

Bücher über Bremen und Bremerhaven

Informatives: *Albrecht,* Das Bremer Rathaus; *Aschenbeck/Franz,* Bremen Nord; *Dillschneider,* Der Schnoor; *Gehring, Blockland, Gramatzki,* Das Rathaus in Bremen; *Gutmann,* Bremen und Bremerhaven; *Gutmann/Mönch,* Bremer Bürgerpark; *Gutmann,* Bremer Geschichte(n); *Gutmann,* Bremer Bräuche; *Gutmann,* Bremer Freimarkt; *Gutmann,* Roland mit de spitzen Knee; *Gutmann,* Bremerhavener Geschichte(n); *Hitzelberger-Otto,* Kids in Bremen – Freizeittips für Kinder, Eltern, Omas und Opas, ErzieherInnen und LehrerInnen; *Hoops,* Geschichte des Bremer Blocklandes; *Kloos,* Bremer Lexikon; *Kloos,* Schönes altes Bremen; *Kloos/Mönch/Andreas,* Parks und Gärten in der Freien Hansestadt Bremen; *Maas,* Das Schlittschuhlaufen in Bremen in Vergangenheit und Gegenwart; *Mader,* Bremen; *Meyer,* Das Bremer Gesicht – Ein Begleiter durch die alte und neue Hansestadt; *Meyer-Roland/Gutmann,* Im Ratskeller zu Bremen; *Mönch/Fiedler,* Bremens idyllischer Norden; *Mönch/Gutmann,* Bremen; *Mönch/Hollanders,* Oberneuland-Impressionen; *Mönch/Meinhardt,* Freie Hansestadt Bremen; *Pohlmann,* Lustwandeln in Bremer Parks; *Pohlmann,* Auf den Spuren der industriellen Revolution; *Pohlmann,* Spurensuche in Stadt-Landschaften; *Pühl,* Botanischer Garten und Rhododendronpark Bremen; *Roselius,* Reden und Schriften zur Böttcherstraße; *Scheidulin/Gutmann,* Die Häfen Bremen/Bremerhaven; *Schminck-Gustavus,* Bremen kaputt – Bilder vom Krieg 1939 – 1945; *Schmidt,* Bremen nach der Stunde Null; *Schwarzwälder,* Bremer Geschichte; *Schwarzwälder,* Sehenswürdigkeiten in Bremen; *Schwarzwälder,* Bremen – Ein verlorenes Stadtbild.

Bremer Naturführer; Bremer Wanderbuch; Radwandern rund um Bremen.

Unterhaltung: *Berck,* Sommer in Lesmona; *Droste,* Ottjen Alldag; *Gleim/König,* Goethe und die Heringe aus Bremen – Neue Geschichten aus einer alten Hansestadt; *Gutmann,* Hafengeschichten; *Gutmann/Ernsting,* Bremen gediegen; *Gutmann/Mönch/Hollanders,* Bremer Speisen; *König,* Bremen im Spiegel der Literatur – ein Hand- und Lesebuch; *König,* Kinner mit'n Willen kriegt wat vör de Billen ... – Bremer Kindheiten; *Kreye/Ernsting,* Was'n in Bremen so sacht; *Kurze/Stünkel/Ziesemer,* Die Geschichte der Luftfahrt in Bremen; *Lemmermann,* Jan Torf – Döntjes, Billen un Vertellen; *Lerbs,* Der lachende Roland; *Lerbs,* Die besten Bremischen Anekdoten; *Schmidt,* Bremer vertrackte Geschichten; *Schmidt-Barrien,* Aus dunklen Tagen – Bremische Novellen und Memoiren; *Schmidt-Barrien,* Lüttje Lüe; *Schröder,* Unser altes Haus; *Stelljes,* Worpsweder Almanach – Dichtung, Erzählung, Dokumente; *Vietor,* Unter der Speckflagge; *Wieting,* Bremer Seeleute in Sibirien.

Karten: 1:16000 (Innenstadt 1:10000) Falk-Plan 156; 1:20000 ADAC-Stadtplan; 1 : 5500 bzw. 1 : 25000 Bollmann-Bildplan Bremen zur Innenstadt und zur gesamten Stadt; 1:50000 amtliche topographische Karte L 2918; 1:75000 amtl. Radwanderkarte Bremen und Umgebung; 1:75000 amtl. Radwanderkarte RC 2714 Bremerhaven.

Cafés

Ambiente, Osterdeich 69a; *Café am Brill,* Martinistr. 74; *Café Engel,* Ostertorsteinweg 31–33; *Café Jacobs,* Knochenhauerstr. 4; *Café Kukuk in der Kunsthalle,* Am Wall 207; *Café Tölke,* Schnoor 23a; *Confiserie-Café,* Am Wall 153; *Katzencafé,* Schnoor 38; *Die Kleine Konditorei;* Knochenhauerstr. 14; *Konditorei Knigge,* Sögestr. 42–44; *Raths-Konditorei,* Am Markt 11; *Schnoor-Teestübchen,* Wüstestätte 1; *Schriever Café,* Marktstr. 3.

Campingplätze

Am Stadtwaldsee, nahe der Universität, Tel. 0421/212002.

Am linken Ufer der Unterweser: Berne, „Juliusplate“, Tel. 04406/1666, und Oberhammelwarden, Tel. 04404/2168.

Am rechten Ufer der Unterweser: Bremerhaven, am Spadener See, Tel. 0471/801022.

Discotheken und Tanz

Aladin, Hannoversche Str. 11; *Ball-Paré,* Herdentorswallstr. 42–44, ab 21 Uhr (Tanzlokal mit Damenwahl), Tel. 12146; *Diva Diskothek,* Tel. 328585; *Elysée,* Am Wall 135; *Reese,* Oslebshauser Heerstr. 69; *Scala,* In der Vahr 64; *Tom's,* Außer der Schleifmühle 49; *Woodys' Discothek,* Rembertiring 19.

Essen und Trinken

Die Bremer Küche wird geprägt von der Neigung der Niederdeutschen zum Deftigen, von der Nähe der Nordsee und von den weltweiten Beziehungen der Stadt und seiner Menschen. Eines der bekanntesten Gerichte ist das Bremer *Kükenragout,* das ursprünglich aus Stubenküken bereitet wurde, heute aber aus zartem Hähnchenfleisch. Es wird angerichtet mit Champignons, Zunge, Spargel, kleinen Würstchen, gelegentlich auch mit Kalbsbries – das alles in einer Sauce aus Krebsbutter, dazu Fleurons aus Blätterteig. Inzwischen steht es immer seltener auf der Speisekarte.

Ein altes Seemannsgericht ist *Labskaus,* das aus Kartoffeln, Pökelfleisch, sehr viel Zwiebeln, Heringen, sauren Gurken, Roten Beten und einem Spiegelei besteht. Labskaus gibt es überall an den nordeuropäischen Küsten und – überall anders. Die Bremer sind allerdings davon überzeugt, daß ihre Labskaus-Variante die beste ist.

Das traditionsreichste und populärste Bremer Essen ist *Kohl und Pinkel,* Bestandteil der weltberühmten Schaffermahlzeit seit 1545. Zum Leidwesen der Bremer handelt es sich um ein reines Winteressen. Die Saison beginnt am Buß- und Bettag, wenn der Grünkohl den ersten Frost bekommen hat. Der Kohl wird fett gekocht und gereicht mit Kasseler Rippenspeer, Kochwurst, Bauchspeck und Pinkel. Bei dieser Spezialität handelt es sich um ein Gemisch aus Speck, Talg, Zwiebeln, Hafergrütze und Piment, das in den Pinkeldarm des Rindes gefüllt wird. Zu Kohl und Pinkel gibt es Salz- und Bratkartoffeln. Zum Kohl werden im allgemeinen klarer Korn und Bier getrunken. Sehr beliebt sind die Kohl-und-Pinkel-Fahrten, die von Januar bis März stattfinden. Vereine, Firmenbelegschaften, Familien- und Freundeskreise treffen sich zu solchen Fahrten „über Land“, die stets mit einer Wanderung verbunden sind (um sich Appetit zu holen) und häufig von Drehorgelmusik begleitet werden. Das Essen endet damit, daß der „Kohl-König“ ermittelt wird; derjenige also, der am meisten gegessen hat. Er wird mit dem sogenannten Freßorden ausgezeichnet.

Currygerichte und Reistafeln haben in Bremen Tradition seit den ersten Ostasienfahrern, die diese Gerichte mit nach Hause gebracht haben. Heute werden sie nur noch selten in Restaurants angeboten. Dagegen wird kein Bremer freiwillig auf die Bratwurst aus der Hand verzichten.

Zu den begehrtesten *Fischen* in Bremen gehören Schellfisch, Seezunge, Heil- und Steinbutt und Nordseescholle. Berühmt ist der Vegesacker Matjes, der zumeist „pur“ gegessen wird; mit reichlich Zwiebelringen und auf einem mit Butter bestrichenen Schwarzbrot.

Gern wird er allerdings auch nach Hausfrauenart gegessen, mit einer Zwiebel-Apfel-Sahnesoße. Der Granat (Krabben) kommt direkt von der Küste. Man ißt ihn nur mit Schwarzbrot und Butter, aber auch mit Spargel, mit Rührei oder als Salat.

Bremen ist die bedeutendste Kaffeestadt Deutschlands (Importe, Röstereien), und die Bremer schätzen ihren *Kaffee* natürlich. Butterkuchen und Klaben werden gerne als Gebäck gereicht. *Klaben,* ein typisches Wintergebäck, werden aus schwerem Hefeteig mit viel Rosinen, Korinthen und Sukkade zubereitet. *Bremer Kluten* sind ein Pfefferminzkonfekt, zur Hälfte mit Schokolade überzogen. Beliebte sommerliche Nachspeise ist die Bremer *Rote Grütze* aus Johannisbeeren, Himbeeren, Erdbeeren und Sago – serviert mit Sahne.

Als Weinstadt hat Bremen einen sehr guten Ruf. Der Bremer Ratskeller (S. 43) ist einer der bekanntesten Weinkeller Deutschlands. Tatsächlich werden dort nach alter Tradition nur deutsche *Weine* ausgeschenkt. Der Ratskellermeister wacht über weit mehr als 600 Weine aus allen deutschen Anbaugebieten. Aber nicht nur die deutschen Weine haben in Bremen ein Zentrum besonderer Art. Bremer Weinimporteure haben es über die Jahrhunderte hinweg verstanden, den Ruf der Stadt als Importplatz von Weinen aus den großen Weinbaugebieten der Welt zu festigen, besonders natürlich aus Frankreich – und da wiederum aus Bordeaux. *Bier* wird in Bremen von Beck, Haake-Beck und Hemelinger gebraut. Beck's Bier wird fast in die ganze Welt exportiert.

→ Bars → Cafés → Restaurants.

Fahrrad
Fahrrad Station Bremen, Bahnhofsplatz (Ostseite), Tel. 30 21 14; Bewachter Fahrradparkplatz; Juni–Sept. Mo, Mi–Fr 9–17.30 Uhr, Mittagspause 13–15 Uhr, Sa 9.30–13, So 9.30–12 Uhr, Weihnachten bis Februar geschlossen. Bücher und Radwanderkarten erhältlich.

Flohmärkte → Märkte.

Flughafen und Flugreise
Flughafen Bremen-Neustadt im Süden der Stadt, 3 km vom Zentrum (Straßenbahn 5), täglich Verbindungen mit Amsterdam, Berlin, Brüssel, Dresden, Frankfurt, Friedrichshafen, Kopenhagen, Leipzig, London, München, Nürnberg, Paris, Stuttgart, Zürich, zudem regelmäßige Flüge nach Helgoland und zu den Ostfriesischen Inseln.

Rundflüge bietet bei schönem Wetter *Verein für Bremer Luftfahrt*, Tel. 55 36 56, Flughafen Bremen.

Fundbüros

Hauptbahnhof: Gleis 1 Süd, Tel. 3 06 52 60
Straßenbahn: Langenstr. 12, Tel. 5 59 61
Fundamt: Auf den Kuhlen 1a, Tel. 3 62 31 17

Galerien

Galerie Afro Asiatica, Marterburg 29; *Ambiente*, Café am Osterdeich 69a; *Atelierhof*, Alexanderstraße 9b; *Galerie Bismarck*, Bismarckstraße 12; *Galerie Monica Borgward*, Parkstraße 73; *BBK Werkstattgalerie*, Hohentorsheerstraße 49/51; *Galerie Danzig*, Kolpingstraße 16; *Galerie Gruppe Grün*, Fedelhören 32; *Galerie Hartwig*, Hartwigstraße 41; *Galerie Cornelius Hertz*, Richard-Wagner-Straße 22; *Galerie Khoury*, Schwachhauser Heerstraße 3; *Galerie Lysistrata*, Contrescarpe 8; *Galerie Mönch*, Oberneulander Landstraße 153; *Galerie Ohse*, Contrescarpe 36; Overbeck-Stiftung, *Altes Packhaus Vegesack*, Alte Hafenstraße 30; *Galerie El Patio*, Am Dobben 58; *Portal Gallery*, Am Dobben 105; *Galerie Katrin Rabus*, Plantage 13; *Securitas Galerie*, Am Wall 121; *Galerie Beim Steinernen Kreuz*, Beim Steinernen Kreuz 1; *Galerie Helmar H. Veltzke*, Graf-Moltke-Straße 37; *Villa Ichon*, Goetheplatz 4; *Galerie Birgit Waller*, Haus Lesmona, Am Kapellenberg 6; *Galerie des Westens, GADEWE*, Reuterstraße 1–17; *Galerie im Winter*, Richard-Wagner-Straße 32.

Hotels

Bremen hat 64 Hotels und Pensionen mit etwa 5500 Betten. Wir nennen eine Auswahl bewährter Häuser nach Stadtgebieten geordnet in zwei Kategorien (Kat. 1: 200–470 DM, Kat. 2: 100–180 DM, Preisstand 1996). Weitere Hotels, Gasthöfe und Pensionen sind enthalten in dem Prospekt „Hotel-Liste“, die jährlich vom Verkehrsverein neu herausgegeben wird, und in der Bremer Umschau. Die Preise gelten für Einzelzimmer mit Frühstück und MwSt.

Zentrum und Bahnhofsviertel:
Bremen Marriott Hotel[1], Hillmannplatz 20, Tel. 1 76 70; *Maritim Hotel*[1], Hollerallee 99, Tel. 37 89 - 0; *Mercure Columbus*[1], Bahnhofsplatz 5–7, Tel. 3 01 20; *Park Hotel*[1], Im Bürgerpark, Tel. 3 40 80; *Scandic Crown Hotel*[1], Böttcherstr. 2, Tel. 36 96 - 0; *Best Western Hotel zur Post*[1], Bahnhofsplatz 11, Tel. 30 59-0.
Hotel Ibis Bremen Altstadt[2], Faulenstr. 45, Tel. 30 48-0; *Hotel Bremer Haus*[2], Löningstraße 16–20, Tel. 3 29 40; *Hotel Ibis Bremen Ostertor*[2], Rembertiring 51, Tel. 36 97 - 0; *Schaper-Siedenburg*[2],

Bahnhofstraße 8, Tel. 30 87 - 0; *Überseehotel*[2], Am Markt/Wachtstr. 27 – 29, Tel. 36 01-0.

Neustadt:
Westfalia[2], Langemarckstraße 38 – 42, Tel. 5 90 20; *Zum Werdersee*[2], Holzdamm 104, Tel. 83 85 04.

Bremen-Ost (Schwachhausen, Horn-Lehe, Neue Vahr, Oberneuland):
Queens Hotel[1], August-Bebel-Allee 4, Tel. 23 87 - 0; *Deutsche Eiche*[2], Lilienthaler Heerstraße 174–176, Tel. 25 10 11; *Heldt*[2], Friedhofstraße 41, Tel. 21 30 51; *Höpkens Ruh*[2], Oberneulander Landstraße 69, Tel. 20 58 53; *Landgut Horn*[2], Leher Heerstraße 140, Tel. 25 89 - 0; *Landhaus Louisenthal*[2], Leher Heerstraße 105, Tel. 23 20 76; *Ringhotel Munte am Stadtwald*[2], Parkallee 299, Tel. 2 20 20.

Bremen-Nord (Burglesum, Vegesack, Blumenthal, Farge):
Atlantic Hotel Vegesack[2], Sagerstr. 20, Tel. 6 60 50; *Fährhaus Meyer-Farge*[2], Wilhelmshavener Straße 1, Tel. 6 86 81; *Strandlust Vegesack*[2], Rohrstraße 11, Tel. 6 60 90; *Hotel zum Klüverbaum*[2], Mühlenstr. 43 – 45, Tel. 60 00 77; *Zur Heidquelle*[2], Schwaneweder Straße 52, Tel. 60 33 12.

Jahreskalender

Anfang Januar	Internationales Damen-Volleyball-Turnier in der Stadthalle
6. Januar	Bremer Eiswette von 1829 (öffentlicher Teil): traditionelle Eisprobe an der Weser. Am zweiten Freitag darauf festliches Essen mit prominenten Gästen
Mitte Januar	6-Tage-Rennen in der Stadthalle
Ende Januar	Musikschau der Nationen in der Stadthalle
Ende Januar/ Anfang Februar	Verleihung des Literaturpreises der Rudolf-Alexander-Schröder-Stiftung im Alten Rathaus (Obere Halle) und Literarische Woche
Februar	Großes Bremer Reit- und Springturnier in der Stadthalle
Zweiter Freitag im Februar	Schaffermahlzeit des Hauses Seefahrt (seit 1545) im Alten Rathaus (Obere Halle; nicht öffentlich)
Mitte März – Ende April	Blütezeit im Azaleen-Museum (Rhododendronpark)
Freitag vor Karfreitag – Sonntag nach Ostermontag	Osterwiese auf der Bürgerwiese hinter dem Hauptbahnhof

Anfang Mai – Ende September	Helgoland-Fahrten ab Columbuskaje in Bremerhaven; einige Abfahrten ab Vegesack
Mitte Mai	Blüte im Rhododendronpark (4 Wochen)
Ende Mai	Vegesacker Hafenfest und Bremer Stadtfest
Mai – Oktober	Bremer Kajenmarkt an Schlachte und Weserpromenade (jeden Sonnabend)
Pfingsten	Breminale: Festival für Kunst und Kultur an der Weser
August	Internationaler Bremer Sommer am Marktplatz: Handwerkliches, Kulinarisches, Musik und Folklore
August/September	Musikfest Bremen: Klassische Konzerte
Anfang September	Weinfest auf dem Hillmannplatz
September	Hafa: überregionale Verbraucherausstellung in der Stadthalle
Ende September	Maritime Woche mit Hafenfest
Mitte Oktober	Bremer Freimarkt: eines der größten und ältesten deutschen Volksfeste (seit 1035)
Dezember	Weihnachtsmarkt auf dem historischen Marktplatz.

Jugendherbergen

Jugendgästehaus Bremen, Kalkstr. 6, Tel. 17 13 69; *Jugendherberge* Blumenthal, Bürgermeister-Dehnkamp-Str. 22, Tel. 60 10 05; *Jugendherberge Worpswede,* Hammeweg 2, Tel. 0 47 92/13 60; *Jugendbildungsstätte Bremen,* Lidice-Haus, Bremen-Vegesack, Auf dem Hohen Ufer 118–124, Tel. 62 20 58/59.

Kinos

Atlantis-Kino, Böttcherstr. 4, Tel. 32 45 46; *Cinema Ostertor,* Ostertorsteinweg 105, Tel. 70 09 14; *City-Film-Theater,* Bahnhofstr. 39, Tel. 1 37 57; *Europa-Filmpalast,* Bahnhofstraße 39, Tel. 1 36 63; *Filmstudio,* Herdentorsteinweg 39, Tel. 1 32 12; *Gondel-Filmkunst,* Schwachhauser Heerstraße 207, Tel. 21 48 42; *Kino 46* (Kommunalkino), Waller Heerstraße 46, Tel. 3 87 67 - 31; *Modernes Kulturzentrum,* Neustadtswall 28, Tel. 50 55 53; *Schauburg,* Vor dem Steintor 114, Tel. 79 25 50 (beides auch Konzertsäle); *Studio Filmtheater,* Böttcherstraße 4, Tel. 32 73 82; *Ufa-Palast,* Auf der Brake 21, Tel. 32 01 68; *Ufa-Theater,* Carl-Ronning-Straße 4, Tel. 1 31 50; *U. T. Kino-Center,* Bahnhofsplatz 22–28, Tel. 32 77 80.

Kirchen

Wir nennen hier nur eine Auswahl der kunsthistorisch bedeutsamsten Kirchen. Weitere Informationen im Register.

Martinikirche (→ S. 53), Besichtigung vom 15. 5.–16. 9.: 10.30–12.30 Uhr. Glockenspiel jeweils 9.15, 12.15, 15.15 und 18.15 Uhr.
St.-Petri-Dom (→ S. 44): Mo–Fr 10–17, Sa 10–12, So und feiertags 14–17 Uhr. Turmbesteigung: 15. 4.–1. 11., Mo–Fr 10–17, Sa 10–12, So und feiertags 14–17 Uhr. Bleikeller: 15. 4.–1. 11.: Mo–Fr 10–17, Sa 10–14, So und feiertags 14–17 Uhr.
Dom-Museum → Museen. Während großer Konzertproben und kirchlicher Amtshandlungen sind Dom und Museum geschlossen.
Unser-Lieben-Frauen-Kirche (→ S. 48): Besichtigung im Winter (1. 10.–31. 3.) Mo–Fr 10.30–12.30, 14–16, Sa 10.30–12.30, So 11.30–13 Uhr, im Sommer (1. 4.–30. 9.) Mo–Fr 10–12.30, 14–16.30, Sa 10–12.30, So 11.30–13 Uhr.

Konzerte
Die Pflege guter Musik hat in Bremen Tradition. Konzerte veranstaltet die 1825 gegründete Philharmonische Gesellschaft unter Mitwirkung von Chor und Orchester. Kirchenkonzerte finden im Dom und in der St.-Ansgarii-Kirche (berühmte Orgel) statt. Bekannt sind der 1815 gegründete Domchor und der Bach-Chor. Aktuelles Veranstaltungsprogramm in Tagespresse und Bremer Umschau.

Märkte
Im Sommerhalbjahr jeden Sonnabend Weserflohmarkt mit Fischmarkt an der Weser. Jeden Sonntagmorgen (mit Ausnahme von Großveranstaltungen auf der Bürgerweide wie dem Freimarkt) Flohmarkt auf der Bürgerweide; jeden letzten Sonntag im Monat Flohmarkt im Roland-Center Huchting.

Museen
Azaleen-Museum (mit Wilhelm-Kaisen-Haus) im Rhododendronpark (→ S. 71): Mo–Fr, Sa 12–16, So 10–16 Uhr. Das Azaleen-Museum ist nur während der Hauptblütezeit vom 20. 3.–30. 4., die anderen Gewächshäuser sind ganzjährig geöffnet.
Dom-Museum (mit Bleikeller, Öffnungszeiten s. o.; → S. 47), Am Markt: Mo–Fr 10–17, Sa 10–12, So und feiertags 14–17 Uhr. Nov.–April 13–16.30 Uhr.
Focke-Museum, Bremer Landesmuseum für Kunst- und Kulturgeschichte (→ S. 69), Schwachhauser Heerstr. 240: tägl. außer Mo 10–18 Uhr, Haus Riensberg 13–14 Uhr geschlossen, Bus 30, 31, 33 und 34 bis Scharnhorststraße.
Gerhard-Marcks-Haus (→ S. 61), Am Wall 208: Di–So 10–18 Uhr.
Gesellschaft für Aktuelle Kunst, Teerhof 21: Di–So 11–18 Uhr.
Heimatmuseum Vegesack im Schloß Schönebeck (→ S. 76), Im Dorfe 3–5: Di, Mi, Sa 15–17, So 10–12.30 und 15–17 Uhr.

Kunsthalle (→ S. 57), Am Wall 207: Di 10–21, Mi–So 10–17 Uhr; vom Frühjahr 1996 bis Herbst 1998 ist die Kunsthalle wegen Sanierungsarbeiten geschlossen.

Krankenhaus-Museum, Zentralkrankenhaus Bremen-Ost, Züricher Str. 40: Mi–So 15–17 Uhr.

Kunstsammlungen Böttcherstraße: Paula-Becker-Modersohn-Haus (→ S. 52) und *Roselius-Haus* (→ S. 52), Böttcherstr. 6: Di–So 11–17 Uhr. Glockenspiel Böttcherstr. um 12, 15 und 18 Uhr.

Mühle Oberneuland (→ S. 71), Mühlenweg 34: Di–Fr 9–12, So 10–13 Uhr. Außenstelle des Focke-Museums.

Neues Museum Weserburg Bremen (→ S. 50), Teerhof 20: Di–Fr 10–18, Sa–So 11–18 Uhr.

Schifferhausmuseum (→ S. 56), Stavendamm: geöffnet nach Vereinbarung, Tel. 32 42 74.

Stiftung Fritz und Hermine Overbeck im KITO, Bremen-Vegesack, Alte Hafenstr. 30: Mi, Do, Sa, So 11–18 Uhr.

Rundfunkmuseum (→ S. 65), Findorffstr. 85: Mo, Di, Do, Fr 9.30–17, So 10–12.30 Uhr.

Übersee-Museum (→ S. 62), Bahnhofsplatz 13: Di–So 10–18 Uhr.

Nachtleben

Nachtschwärmer kommen vor allem im Schnoorviertel und in der Gegend um den Hauptbahnhof, im Ostertor, Auf den Höfen und am Steintor auf ihre Kosten.

Notdienste

Notruf: Überfall und Verkehrsunfall Tel. 110; Feuerwehr Tel. 112.

Ärztlicher Notfalldienst: Behandlungszentrale Wachmannstr. 9, Tel. 1 92 92; Kinderärztlicher Notfalldienst, Richard-Wagner-Str. 1a/Ecke Schwachhauser Heerstr., Tel. 3 40 44 44; Bremen Nord, Landrat-Christians-Str. 94, Tel. 6 09 80 63; Deutsches Rotes Kreuz, Rettungsdienst Tel. 30 30-2, 34 03-2 42 und 34 03-2 41: Dienstleistungszentrum, Wachmannstr. 9, Tel. 34 03-152; Malteser-Hilfsdienst e.V. Tel. 42 74 90; Giftnotrufzentrale Tel. 4 97-52 68.

Krankenhäuser: Diakonissenanstalt Bremen, Gröpelinger Heerstr. 406, Tel. 61 02-0; Rotes-Kreuz-Krankenhaus, St.-Pauli-Deich 24, Tel. 55 99-1; St.-Joseph-Stift, Schwachhauser Heerstr. 54, Tel. 34 06-0; Zentralkrankenhaus Bremen-Nord, Tel. 66 06-0; Bremen-Ost, Tel. 4 08-0; Links der Weser, Tel. 8 79-0; St.-Jürgen-Str., Tel. 4 97-0.

Öffentliche Verkehrsmittel

Die Bremer Straßenbahn AG betreibt sechs Straßenbahnlinien (Nr. 1–3, 5, 6, 10) und 41 Omnibuslinien auf einem Netz von rd.

470 km. Der Zentral-Omnibusbahnhof (ZOB) befindet sich vor dem Hauptbahnhof. Ständiger Nahverkehr in die Umgebung u. a. nach Rotenburg, Delmenhorst, Worpswede, Fischerhude, Zeven, Syke, Hoya, Bruchhausen-Vilsen, Verden.
Flächenzonentarif: Es gibt neben Einzelfahrscheinen auch die Vierer-Karte, die Zehner-Karte und das übertragbare Bremer Kärtchen (Tageskarte, Sa u. So gültig für bis zu 2 Erwachsene und 2 Kinder).

Öffnungszeiten
von → Bibliotheken → Kirchen und → Museen stehen unter dem jeweiligen Stichwort.

Pannenhilfe
Pannendienst des ADAC, Tel. 1 92 11.
AvD, Hollerallee 10–12, Tel. 3 96 11 33. ACE, Bahnhofsplatz 26, Tel. 32 30 53. ADAC, Bennigsenstr. 2–6, Tel. 49 94-0, Bremen-Vegesack, Weserstr. 81, Tel. 6 69 38–0.

Parken
Rembertiring, Herdentor (am Rembertiring), *Pelzerstraße, Am Brill, Langenstraße, Ansgaritorstraße. Am Wandrahm, Katharinenklosterhof* (dicht bei der Sögestraße), *Faulenstraße, Violenstraße* (hinter dem Dom), *Hillmannplatz* (beim Hillmann-Center), *Hinter der Mauer* (nahe Stephanikirche), *Osterdeich* (nahe Theater am Goetheplatz und Ostertorviertel), *Sagerstraße* (in Vegesack), *Bürgerweide* mit Park-and-ride-Verkehr an verkaufsoffenen Samstagen.

Post
Postamt 1 (Hauptpost), Domsheide 15; Postamt 5 (Bahnpost), Bahnhofsplatz 21, Mo–Fr 8–18, Sa 8–13, So 9–10; Spätschalter bis 22 Uhr; insgesamt 51 Haupt- und Nebenpostämter im Stadtgebiet. *Telefonvorwahl* 04 21.

Restaurants
L'Orchidée, Hotel zur Post, Bahnhofsplatz, nur abends (erlesene Küche); *Grashoffs Bistro*, Hillmann-Center, Contrescarpe 80 (erlesene Küche); *Hocke,* Schüsselkorb 17 (erlesene Küche); *Meierei im Bürgerpark* (erlesene Küche und Gartencafé); *Flett,* Böttcherstraße 3 (regionale Küche); *Bremer Ratskeller* im Rathaus am Markt (große Weinkarte, einfache Spezialitäten aus deutschen Weingebieten, auch Gourmet-Restaurant mit erlesener Küche); *Comturei,* Ostertorstraße 30–32 (regionale Küche); *Concordenhaus,* Hinter

der Holzpforte (gehobene Küche); *Katzencafé,* Schnoor 38 (gute Bistro-Küche); *Becks In'n Snoor,* Schnoor 34–36 (regionale Kost); *Das kleine Lokal,* Besselstr. 30 (kleine Karte mit erlesenen Gerichten); *Jürgenshof,* Pauliner Marsch 1, Nähe Weserstadion (Ausflugsgaststätte); in Vegesack: *Strandlust Vegesack,* Rohrstr. 11, direkt an der Weser (regionale Küche); *Jan Tabac,* Weserstraße 93 (erlesene Küche); in Farge: *Fährhaus Meyer-Farge* Wilhelmshavener Str. 1 (direkt an der Weser, Schiffsansage, regionale Küche).

Beliebte Restaurants ***außerhalb der Stadt:*** In Lilienthal: *Alte Posthalterei,* Klosterstraße 5, Tel. 0 42 98/21 21 (gehobene Küche, regional geprägt); *Gasthaus zur Schleuse,* Truperdeich, Tel. 0 42 98/20 25 (regionale Küche); *Gasthaus zur Wörpe,* Mühlendeich 15, Tel. 0 42 98/82 00 (regionale Küche); *Nobel Moordeich,* Stuhr, Neuer Weg 13, Tel. 5 68 08 (regionale Küche).

Ausländische Restaurants: *Chinesisch:* Shanghai, H.-H.-Meier-Allee 2–6; *Italienisch:* Al Carello, Am Dobben 35; Al Papagallo, Rembertiring 19; La Toscana, Violenstraße 15; Porcospino, Außer der Schleifmühle 73; Trattoria, Auf den Häfen 12–15; La Villa, Goetheplatz 4; *Japanisch:* Utage, Philosophenweg 18–20; *Thailändisch:* Buuntrik, Bürgermeister-Smidt-Straße 31; *Türkisch:* Tendüre, Bürgermeister-Smidt-Str. 82; *Steakhaus:* Churrasco, Bahnhofstr. 8 und Domshof 21.

Rundfunk und Fernsehen

Radio Bremen strahlt vier Hörfunkprogramme auf UKW, Mittelwelle und Kurzwelle sowie über Satellit und Kabel aus. Das TV-Regionalmagazin "Buten & Binnen" ist seit langem das meist eingeschaltete Fernsehmagazin der Bundesrepublik. Das Funkhaus befindet sich im Stadtteil Schwachhausen. Das Fernsehstudio liegt am östlichen Stadtrand in Bremen-Osterholz, die Sendeanlagen sind nördlich im Hollerland.

Schiffahrt

Hafenrundfahrt (Dauer: 75 Min.) ab Martini-Anleger, zu erreichen über den Fußgängertunnel am Ende der Böttcherstraße. März–Ende Oktober tägl. 11.30, 13.30, 15.15 (April bis Ende September auch 10 und 16.45 Uhr), sonntags 10 Uhr Sonderprogramm. Nov.–Febr. auf Anfrage. Schreiber-Reederei, Tel. 32 12 29.

Schiffsausflugsfahrten im Sommer: Weserabwärts ab Bremen nach Bremerhaven über Vegesack (→ S. 87). Ab Vegesack oder Burg werden auch Schiffahrten nach Worpswede angeboten (Auskunft über Tel. 0 44 04/35 14). Sonstige Auskunft erteilt der Verkehrsverein, Hillmannplatz 6, Tel. 3 08 00-30. Fahrten nach Helgoland ab Bremen-Vegesack, 29. April–1. Okt., Tel. 04 21/3 08 00-0.

Spielbank
Bremer Spielbank mit Roulette und Baccara in der Böttcherstraße, Tel. 32 90 00, tägl. 15–3 Uhr nachts. Dependance mit Spielautomaten am Breitenweg.

Sport
Das *Weserstadion* auf dem Peterswerder liegt etwa 2,5 km stromaufwärts vom Stadtzentrum entfernt (zu erreichen mit Straßenbahn-Linien 2, 3 und 10). Rd. 40 000 Plätze bieten Raum für Großveranstaltungen aller Art, nicht zuletzt für die Heimspiele des Fußballbundesligisten SV Werder Bremen. Auf dem Peterswerder gibt es auch noch: Tennis- und Rollschuhstadion, Kunsteisbahn, Stadionbad und Sport- und Spielplätze. – 4 km stromabwärts liegt im Stadtteil Rablinghausen die Hanseatenkampfbahn. *Bäder* → dort.

Eislaufen: In der Eislaufhalle, Auf der Bürgerweide, Tel. 3 50 52 30; Saison zwischen Oktober und März. Ebenso auf dem Peterswerder s. o.

Motorsport: Internationale Speedway-Rennen im Hansa-Stadion, Arsterdamm, Tel. 87 43 71.

Pferderennen: Der Bremer Rennverein, Vahrer Str. 219, Tel. 46 33 07 trägt in der Rennsaison ein- bis zweimal im Monat Galopprennen aus.

Rollschuhlaufen: Rollsportstadion, Richard-Jürgens-Str. 2. Die Anlage ist öffentlich und kostenlos zugänglich.

Skateboardfahren: Neben dem Kulturzentrum Schlachthof auf der Bürgerweide nahe dem Hauptbahnhof gibt es einen Pool, in dem sich Skateboardfahrer austoben können. Abends ist die Anlage beleuchtet.

Wassersport: Sporthafen Hasenbüren für Jachten am linken Weserufer, 11 km stromabwärts.

Stadtführungen
Stadtrundfahrten im Innenstadtbereich und in verschiedenen Stadtteilen tägl. 10.30 (Dauer: 2,5 Std.). Karten im Vorverkauf an den Tourist-Informationen und am TSC (Ticket Service Center); Abfahrt ab Zentral-Omnibusbahnhof (ZOB) vor dem Hauptbahnhof.

Führungen durch die historische Innenstadt zu Fuß (Dauer: ca. 2 Std.). Täglich 14 Uhr ab Tourist-Information, Hauptbahnhof.

Hafenrundfahrt (→ Schiffahrt) und *Rundflüge* (→ Flughafen und Flugreise).

Hostessen-Dienst tägl. Stadt-, Hafen-, Museums- und Rathausführungen, Tagungs- und Messedienst, Tel. 27 11 27.

Taxis
Autoruf Bremen Nord, Tel. 65 00 05; Taxi-Roland, Tel. 1 44 33; Taxi-Ruf Bremen, Tel. 1 40 14. – Taxenstände in der Innenstadt auf dem Liebfrauenkirchhof und vor dem Hauptbahnhof.

Theater, Kabarett, Kleinkunst
Concordia, Schwachhauser Heerstr. 1, Tel. 36 53-333. Studiobühne, Stammhaus des Bremer Tanztheaters; modernes Tanztheater, bisweilen freie Tanz- und Theatergruppen.
Ernst-Waldau-Theater, Niederdeutsches Theater, Waller Heerstr. 165, Tel. 38 30 31. Niederdeutsches Volkstheater, Kindertheater.
KITO Vegesack, Alte Hafenstraße 30, Tel. 65 48 48, Jazz, Kleinkunst.
Kulturzentrum Schlachthof, Findorffstr. 57, Tel. 37 77 50, Musik und Theater für junge Leute.
Moks-Theater, Brauhauskeller beim Schauspielhaus, Sielwall 86, Tel. 3 61 61 81.
Schauspielhaus, Ostertorsteinweg 57a, Tel. 36 53-333.
Shakespeare Company, Leibnizplatz, Tel. 50 03 33. Zehn Shakespeare-Inszenierungen im Repertoire, freie Theatergruppe.
Theater am Goetheplatz, Tel. 36 53-333. Vorwiegend Oper und Operette; auch Schauspiel und Tanztheater. Eine der führenden Bühnen Deutschlands, die die Tradition des 1792 errichteten Komödienhauses fortführt.
Theater im Schnoor (Packhaus), Wüstestätte 11, Tel. 32 60 54. Im Schnoorviertel werden Schauspiel, Kabarett, Kleinkunst, Chansons und Musik geboten; angegliedertes Puppen- und Marionettentheater, Theatrium.
Freie Theatergruppen und Amateurtheater ergänzen das Angebot. Spielorte und Spielzeiten sind über die Tagespresse zu erfahren.

Unterkunft → Campingplätze → Hotels → Jugendherbergen; *Seemannsheim,* Jippen 1, Tel. 1 83 61.

Zeitungen und Zeitschriften
Bremer Nachrichten; *Weser Kurier*; *Die Norddeutsche* erscheint als Regional-Beilage zum Weser-Kurier in Bremen-Nord.
Bremer Umschau, mit Veranstaltungskalender; *Bremer,* monatlich; *foyer,* Kulturjournal mit Veranstaltungskalender, alle zwei Monate; *Prinz,* monatlich; *Die Weser,* Monatsschrift des Weserbundes für Verkehr, Landeskultur, Wirtschaft; *Weserlotse, Bremer Wirtschafts- und Hafendienst,* monatlich.

GESCHICHTE UND GEGENWART

Wappen. Das Mittlere Landeswappen zeigt einen schräg aufgerichteten, silbernen Schlüssel gotischer Form in einem roten Schild. Auf dem Schild ruht eine goldene Krone, welche über dem mit Edelsteinen geschmückten Reif fünf Zinken in Blattform zeigt. Der 1366 als Wappen aufgenommene Schlüssel weist auf St. Petrus, den Patron des Domes, hin. Beim Großen Landeswappen wird der Wappenschild mit Krone von zwei goldenen Löwen gehalten.

Partnerstädte. Bratislava/Slowakische Republik, Corintho/Nicaragua, Dalian/VR China, Gdansk (Danzig)/Polen, Haifa/Israel, Riga/Lettland und Rostock.

Lage und Stadtbild. Das Land Freie Hansestadt Bremen, mit 404 qkm das kleinste der Bundesrepublik, umfaßt die 324 qkm große Stadtgemeinde Bremen mit knapp 550 000 Einwohnern und die 65 km weserabwärts gelegene, 80 qkm große Seestadt Bremerhaven mit ca. 130 000 Einwohnern. 1939 wurden in die Stadtgemeinde Bremen eine Reihe Landgemeinden in Bremen-Nord und Hemelingen eingemeindet und die Städte Bremerhaven (bremisch) und Wesermünde (preußisch) zur Großstadt Wesermünde vereinigt. 1947 wurde dann die „Freie Hansestadt Bremen“ als selbständiges Land konstituiert und die Stadtgemeinde Wesermünde unter Änderung des Namens in Bremerhaven eingegliedert. Die Stadt Bremen liegt beiderseits der Weser: am rechten Ufer auf einem langen Dünenrücken die von den ehemaligen Wällen umgebene Altstadt, an die sich die Vorstädte anschließen, auf dem linken die Neustadt mit ihren Vorstädten. Seine größte Ausdehnung hat Bremen auf dem rechten Ufer (40 km zwischen Mahndorf und Farge). Eingeteilt ist es in 5 Stadtbezirke mit 24 Stadtteilen bzw. unabhängigen Ortsteilen. Zum Stadtgebiet gehören auch die Überseehäfen von Bremerhaven.

Ein großer Teil des Stadtgebietes wird bis in die Gegenwart hinein nur als Grünland genutzt, da er als Niederungslandschaft kaum über NN hinausreicht. Nur die Altstadt und der Stadtbezirk Bremen-Nord sind von Natur aus hochwasserfrei (der Dom liegt

13,2 m über NN). Alle Vorstädte mußten auf einem Gelände angelegt werden, das bei jedem größeren Hochwasser der Weser und ihrer Nebenflüsse Lesum und Ochtum sowie der in die Hamme mündenden Wümme überschwemmt worden wäre, würde es nicht durch Deiche (Gesamtlänge im Stadtgebiet ca. 115 km) und Schöpfwerke geschützt. Ohne diese wäre die starke Ausdehnung der Vorstädte in den Niederungen nicht möglich gewesen. Weitere Hochwasserschutzmaßnahmen durch Bau von Sperrwerken an der Mündung der Nebenflüsse Lesum und Ochtum sind seit langem abgeschlossen.

Um die seit Jahrhunderten durch zunehmende Versandung gefährdete Schiffbarkeit der Weser für Seeschiffe aufrecht zu erhalten, wurde 1887–95 durch großzügige Korrektion eine Fahrrinne geschaffen, in der die Tidewelle erstmalig von der See bis zur Stadt vordringen konnte. Damit hatten wieder Seeschiffe bis zu einem Tiefgang von 5 m freien Zugang zu den bremischen Häfen. Dementsprechend wurde 1888 ein erstes künstliches Hafenbecken (der Europahafen) eröffnet. Seitdem ist die Unterweser ständig vertieft worden. Heute können Schiffe bis zu 8,7 m Tiefgang, bei enger Anpassung an die Flut sogar bis zu 9,6 m Tiefgang, die

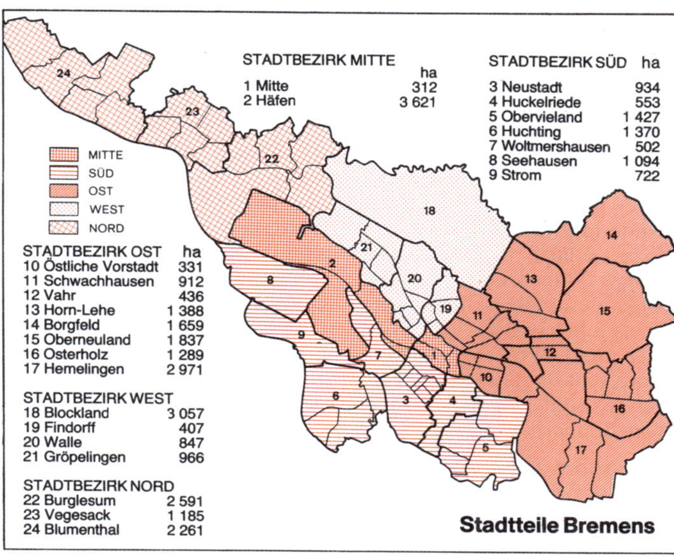

bremischen Häfen erreichen. In Bremen-Stadt beträgt der mittlere Tidenhub heute 3,40 m. Die Breite des Fahrwassers beläuft sich beim Überseehafen auf 100 m, bei Bremen-Vegesack auf 120 m und bei Brake auf 150 m.

Im Zweiten Weltkrieg wurde Bremen in 173 Luftangriffen zu 62%, das Hafengebiet zu 90% zerstört. Die Altstadt verlor die meisten ihrer historischen Bürgerhäuser, ebenso die St.-Ansgarii-Kirche, deren hoher Turm das Wahrzeichen der Altstadt war; andere Kirchen und Profanbauten wurden schwer beschädigt, konnten aber wieder instandgesetzt werden, u. a. die Liebfrauenkirche, die Martinikirche und die Stephanikirche, der Schütting, die Böttcherstraße und die Stadtwaage. Der Wiederaufbau hat das Gesicht der Stadt vielerorts verändert. In der Altstadt und ihrer Umgebung entstanden moderne Geschäfts- und Warenhäuser, in den Vororten neue Wohnviertel, von denen besonders die „Neue Vahr" als erste Großsiedlung dieser Art über die Grenzen Deutschlands hinaus bekannt geworden ist.

Der Erhaltung und Pflege von Grünanlagen wird besondere Aufmerksamkeit gewidmet. Der Bürgerpark und die Wallanlagen sind Oasen der Ruhe unweit bzw. inmitten des Stadtzentrums. Ländliche Idylle findet man noch im Werderland an der Lesum und im nördlich gelegenen Blockland am Wümmedeich, aber auch in Oberneuland mit seinen Landsitzen unter altem Baumbestand. Etwas abgesetzt vom alten Stadtkern liegt der Stadtbezirk Bremen-Nord mit seinem Schwerpunkt Bremen-Vegesack, wo sich ein sehr belebtes Einkaufszentrum befindet. Bremen-Nord ist nach der Eingemeindung 1939 längst in das Stadtgebiet integriert, hat eine starke industrielle Entwicklung genommen (z. B. Werft Bremer Vulkan und die Bremer Wollkämmerei, um diese beiden Schwerpunkte zu nennen), ist aber auch wegen seiner hübschen Lage an und auf dem Geestrücken ein beliebtes Wohn- und Ausflugsgebiet.

Klima. Mit seinen kühlen Sommern und milden Wintern ist das Bremer Klima ozeanisch beeinflußt. Die Januarmittelwerte liegen bei 0,6 °C, die Julimittelwerte bei 17,4 °C. Höchsttemperaturen von 25 °C und mehr werden an etwa 16 Tagen gemessen. Die mittleren Jahresniederschläge betragen 715 mm. Das Maximum der Niederschläge fällt gewöhnlich in den Monaten Juli und August. Mai und Juni sind die sonnenreichsten Monate.

Verwaltung. Die Bevölkerung des Landes Bremen wird parlamentarisch durch die Bremische Bürgerschaft vertreten. Ihr gehören 100 Abgeordnete an, davon 80 aus Bremen, 20 aus Bremerhaven. Die Bürgerschaft wählt die Landesregierung, den Senat.

Dieser besteht aus dem den Ministerpräsidenten der anderen Bundesländer entsprechenden Präsidenten und gleichzeitigen Bürgermeister, einem weiteren Bürgermeister und elf Senatoren.

Kulturelles Leben. In Bremen sind mehrere bedeutende Museen (→ S. 20) und Theater (→ S. 25) ansässig. Für ein reges Konzertangebot (→ S. 20) sorgt u. a. die 1825 gegründete Philharmonische Gesellschaft.

Bildungs- und Ausbildungsstätten von Bedeutung sind: die Universität, die 1971 ihren Lehrbetrieb aufgenommen hat, die Hochschule Bremen, die Hochschule für gestaltende Kunst und Musik und die Hochschule Bremerhaven, die Deutsche Außenhandels- und Verkehrsakademie sowie mehrere andere Fachschulen, darunter die Seemannsschule mit dem Segelschiff „Schulschiff Deutschland". Öffentliche allgemeinbildende Schulen gibt es im Stadtgebiet rund 120, darunter Gesamtschulen, Schulzentren, Grund-, Haupt-, Realschulen, Gymnasien, Sonderschulen und Berufsschulen.

Wissenschaftliche Institute sind: das Alfred-Wegener-Institut für Polarforschung (Bremerhaven), der Bremer Ausschuß für Wirtschaftsforschung, das Bremer Institut für angewandte Strahltechnik, das Bremer Institut für Präventionsforschung und Sozialmedizin, das Institut für Betriebstechnik und angewandte Arbeitswissenschaft an der Universität, die Bundesanstalt für Arbeitsschutz und Unfallforschung, die Bundesforschungsanstalt für Fischerei – Institut für Seefischerei Bremerhaven, das Faserinstitut Bremen, die Forschungsstelle für unabhängige Literatur und gesellschaftliche Bewegungen an der Universität, das Fraunhofer Institut für angewandte Materialforschung, das Institut für Härtereitechnik, das Alfred-Wegener-Institut für Polar- und Meeresforschung (Bremerhaven), das Institut für Niederdeutsche Sprache, das Institut für Seeverkehrswirtschaft und -logistik, das Niedersächsische Landesamt für Bodenforschung-Bodentechnologisches Institut Bremen, und das Zentrum für Europäische Rechtspolitik an der Universität Bremen. Zu nennen sind weiterhin das Staatsarchiv Bremen und die Forschungs- und Bildungsstätte zur Geschichte der Arbeiterbewegung im Lande Bremen.

Wirtschaftsleben. Das Wirtschaftsleben Bremens, das durch die Häfen, den Außenhandel, eine moderne Industrie und umfangreiche Dienstleistungen geprägt ist, blickt auf eine über 1000 Jahre alte Tradition zurück. Im Jahre 965 erhielt Bremen das Münzrecht, das Recht des Marktgerichtes und das des Marktzolles von Kaiser Otto I. zugesprochen. Als wichtige Hafen-Drehscheibe zwischen Binnenland und Übersee haben Bremen und Bremerhaven ihre Bedeutung trotz harter Konkurrenz – vor allem durch die anderen nordwesteuropäischen Großhäfen Rotterdam, Antwerpen und Hamburg – bis heute vielfach bewahren können. Der Schiffbau und die Verarbeitung importierter Rohstoffe waren die Basis der industriellen Entwicklung in Bremen. Später hinzukommende Industriebetriebe stellten verstärkt Exportgüter her.

In den Bremischen Häfen werden vielfältige Produkte und Güter umgeschlagen. Die Palette reicht von Baumwolle, Wolle, Kaffee, Kakao, Tabak, Zitrusfrüchten und Holz über Maschinen und Rohre bis hin zu Getreide, Futtermitteln, Zellulose und Erz. Die Baumwolle, zunächst nur aus den USA eingeführt, kommt heute aus über 20 Ländern der Erde. Ein anderer wichtiger Textilrohstoff, die Schafwolle, wird in der Bremer Wollkämmerei in Bremen-Blumenthal verarbeitet. Nutzholz wird vor allem aus Skandinavien, dem Ostseeraum und den USA eingeführt. Hart- und Edelhölzer kommen ausschließlich aus Übersee. Der über 300 Jahre alte Tabakimport hatte das Entstehen einer blühenden Zigarrenfabrikation zur Folge. Der vornehmlich aus Indonesien, Afrika und Südamerika eingeführte Rohtabak wird heute in der Tabakbörse im Freihafen verauktioniert. Kaffee kommt aus Lateinamerika, zu einem geringeren Teil auch aus Zentralafrika. Südfrüchte, bei deren Import Bremen den zweiten Platz in der Bundesrepublik einnimmt, werden im Fruchthof versteigert. Schließlich spielt noch die Weineinfuhr eine große Rolle.

Heute sichern Hafenumschlag, Logistik und Distribution etwa 90 000 Arbeitsplätze. Mit einem Gesamtumschlag von 31 Mio. t zählen die Bremischen Häfen immer noch zu den größten in Europa. Rund 20 Mio. t entfallen auf den Stückgutumschlag, der Rest auf Massengut. Die umgeschlagene Ladung verteilt sich zu fast gleichen Teilen auf die beiden Standorte Bremen-Stadt und Bremerhaven.

Die Häfen in Bremen-Stadt haben sich auf den Umschlag von Containern, konventionellem Stückgut wie Pipeline-Rohre und Massengut spezialisiert. Das Zentrum der Umschlagsaktivitäten liegt im Neustädter Hafen links der Weser. Neue Impulse gehen vom Europahafen aus. Er wird jährlich von rund 100 Frucht-Seeschiffen angelaufen. So zählt die Seestadt zu den größten europäischen Bananenhäfen. Neben der Bremer Lagerhaus-Gesellschaft (BLG), der Hafenbetriebs- und Umschlagsgesellschaft in den Freihäfen, gibt es außerhalb des Freihafenareals in Bremen-Stadt weitere private Umschlagsbetriebe, die im Holz- und Fabrikenhafen sowie in den Industriehäfen aktiv sind.

Bremerhaven spielt vor allem als Containerhafen und als Zentrum des europäischen Automobilumschlags eine immer wichtigere Rolle. Rund 760 000 Fahrzeuge werden hier jährlich umgeschlagen. Mit einer Fläche von etwa 1,6 Mio. qm ist der Container-Terminal „Wilhelm Kaisen“ die größte geschlossene Anlage ihrer Art in Europa. Bis 1998 wird dieses Umschlagszentrum stark erweitert.

Das Land Bremen ist Sitz mehrerer Reedereien. Die Gesamttonnage der in Bremen registrierten Schiffe über 100 BRT beträgt 1 000 000 BRT. Sie verteilt sich auf rund 170 Schiffe aller Typen, darunter modernste Containerfrachter. Die bekannteste und vor dem Ersten Weltkrieg größte Fahrgastreederei der Welt war der 1857 von Bremer Kaufleuten gegründete „Norddeutsche Lloyd“, dessen Passagierdampfer „Bremen“ und „Europa“ vor 1939 jahrelang das Blaue Band für die schnellste Überquerung des Atlantik innehatten. Er fusionierte 1970 mit der 1847 in Hamburg gegründeten „Hamburg-Amerika-Linie“ (Hapag) zur Großreederei Hapag-Lloyd AG mit Sitz in Hamburg und Bremen. Die Reederei unterhält eigene Reisebüros in der Bundesrepublik und betätigt sich seit 1973 mit eigenen Flugzeugen im kombinierten Flug-See-Tourismus.

Bedeutendstes Werk der Grundstoffindustrie ist die Firma Stahlwerke Bremen GmbH (ehemals Klöckner) direkt an der Unterweser. Die Hochofenanlagen der „Hütte am Meer“ erzeugen jährlich über 2 Mio. t Rohstahl. In der Investitionsgüterindustrie steht der Fahrzeugbau an führender Stelle. Dabei ist das Bremer Werk der Mercedes Benz AG der mit Abstand größte bremische Betrieb. Weltweiten Ruf genießt auch der Bremer Luft- und Raumfahrzeugbau. Die Daimler-Benz Aerospace AG Raumfahrt-Infrastruktur entwickelt in Zusammenarbeit mit der europäischen Raumfahrtbehörde wesentliche Komponenten für das Weltraumlabor Spacelab. In der Elektronikindustrie sind die Unternehmen Systemtechnik Nord/Atlas Elektronik, Siemens sowie Lloyd-Dynamowerke führend. Es folgt der bremische Maschinenbau mit einer breiten Produktpalette. Auch wenn der Schiffbau erheblich zurückgegangen ist, prägt er heute noch Bremens Wirtschaft. Zu den namhaften Werften gehören u. a. der krisengeschüttelte Bremer Vulkan sowie die Schichau Seebeckwerft und die Lloydwerft in Bremerhaven.

Wichtigster Zweig der Verbrauchsgüterindustrie ist die Textilbranche, bei der vor allem die schon genannte Bremer Wollkämmerei anzuführen ist. Über 100 Jahre alt ist die Norddeutsche Steingutfabrik, die u. a. moderne Wandfliesen herstellt. Tradition hat auch die Bremer Silberwarenindustrie: Die Firma Wilkens gründete 1810 die erste deutsche Silbermanufaktur; heute wird v. a. Tafelsilber hergestellt. In der Nahrungs- und Genußmittelindustrie nimmt der Kaffee eine besondere Stellung ein: etwa die Hälfte des in der Bundesrepublik konsumierten Kaffees wird von Bremer Röstereien geliefert. Namen wie Jacobs (jetzt Kraft Jacobs Suchard), Eduscho und HAG sind bekannt. Spitzenqualität bietet auch die Bremer Schokoladenfabrik Hachez. Von den Produkten der Bremer Großbrauerei Beck & Co. genießt u. a. Beck's Bier internationalen Ruf. Die Fischindustrie ist in Bremerhaven beheimatet und damit an den größten Fischereihafen Deutschlands angeschlossen.

Stadtgeschichte

Der Name Bremen, in ältester Überlieferung „Bremon" leitet sich vermutlich ab von „verbrämen" und bedeutet „an den Rändern" gelegen, des Dünenrückens nämlich, der das Bremer Tieflandbecken von Südost nach Nordwest auf dem rechten Ufer der Weser durchzieht und hier unmittelbar an den Fluß herantritt. Vorgeschichtliche Funde bezeugen, daß die Düne, auf der später die Altstadt entstand, eine alte Siedlungsstätte gewesen ist. Daraus entwickelte sich in geschichtlicher Zeit ein Handelsplatz, der im Schnittpunkt der Handelsstraßen vom Niederrhein zur Ostsee und von der Oberweser zur Nordsee lag.

Großes Stadtsiegel 1366–1833

8.–10. Jahrhundert. 782 wird Bremen erstmalig urkundlich im Zusammenhang mit dem Sachsenaufstand gegen Karl den Großen und seine christlichen Missionare erwähnt. Der Priester Willehad wird 787 zum Bischof ernannt und errichtet 789 auf dem höchsten Punkt der Düne eine hölzerne Kirche, die er dem hl. Petrus weiht. Bremen gewinnt als Bischofsstadt an Bedeutung, zumal Erzbischof Ansgar nach der Zerstörung Hamburgs durch die Wikinger 845 nach Bremen übersiedelt. 888 verleiht König Arnulf dem Erzstift Bremen das erste Marktrecht. 965 erhält Bremen von Kaiser Otto I., der den Bremer Erzbischof Adaldag zum Kanzler und Reichsfürsten erhob, das große Marktprivileg mit Marktgericht, Marktzoll und Münzrecht, nachdem Bremer Schiffe an die Küsten der nordischen Länder und seit dem Jahre 1000 auch nach England, Frankreich und Spanien gelangen. In diesem Marktprivileg ist erstmals die Rede von in Bremen ansässigen Kaufleuten.

11.–14. Jahrhundert. 1041 beginnt Erzbischof Bezelin mit dem Domneubau, der von seinem Nachfolger, dem ehrgeizigen Königsberater Adalbert (1043–72) fortgeführt, aber erst in der 1. Hälfte des 13. Jh. vollendet wird. Adalbert macht Bremen durch seine Missionstätigkeit zum „Rom des Nordens". 1106 beginnt die Urbarmachung der Niederungslandschaft östlich der Altstadt durch die Holländer, die das nach ihnen benannte „Hollerland" entwässern und eindeichen. Der streitbare Erzbischof Gerhard II. kämpft gegen die Stedinger, die freien Bauern des Landes jenseits der Weser, die ihre Unabhängigkeit bewahren wollten, und besiegt sie 1234 in der Schlacht bei Altenesch. 1244 wird die erste Weserbrücke erwähnt. 1358 wird Bremen Mitglied der Hanse.

15.–16. Jahrhundert. Um 1400 erreicht die Machtstellung der Stadt ihren ersten Höhepunkt, was durch den Bau des Rathauses (1405) und die Errichtung des Rolands (1404) sichtbaren Ausdruck

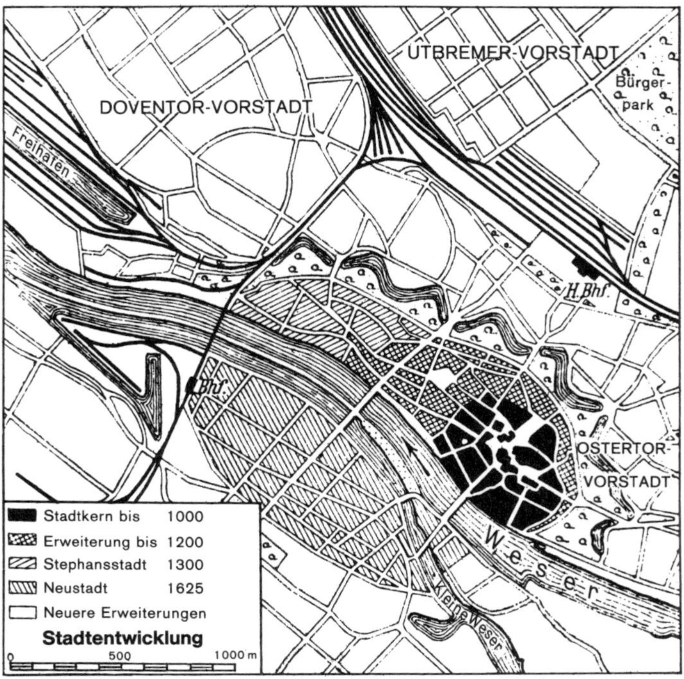

findet. Darum verlegt der Erzbischof seine Residenz nach Bremervörde. Diese glückliche Entwicklung verläuft nicht ohne dauernde Kämpfe. Die Bremer Kaufleute müssen sich für die Freiheit der Weser als Lebensader ihres Handels einsetzen. Die Anlieger am Strom machen oft gemeinsame Sache mit den Seeräubern, die bremische Schiffe ausplündern wollen. Diese kriegerischen Auseinandersetzungen dauern bis in das 17. Jh. an. 1522 beginnt die Reformation in Bremen, veranlaßt durch den Augustinermönch Heinrich von Zütphen. 1530 tritt Bremen dem Schmalkaldischen Bund bei. In der Folge müssen die Bürger ihren neuen Glauben mehrfach gegen kaiserliche Truppen verteidigen.

17. Jahrhundert. Zu Beginn dieses Jahrhunderts setzt eine neue wirtschaftliche Blüte ein, die sich in prächtigen Renaissancebauten widerspiegelt (Umbau des Rathauses, Schütting). Allerdings belastet der Weserzoll, den die Grafen von Oldenburg seit 1623 bei Elsfleth erheben, Bremens Seehandel schwer; erst 1820 wird er aufgehoben. In dieser Zeit wird auch die altstädtische Befestigung zu Wällen und Bastionen umgestaltet. Zum Schutz der Wasserfront und des Uferhafens wird die Neustadt als Brückenkopf angelegt und gleichfalls mit Bastionen ausgestattet. Diese Anlagen bewahren die Stadt im Dreißigjährigen Krieg (1618–48) vor Angriffen. 1646 wird Bremen freie Reichsstadt und muß in mehrfachen Kämpfen seine Unabhängigkeit gegen die Schweden als die Rechtsnachfolger des Erzbischofs behaupten.

18. Jahrhundert. 1743 erscheint die erste Wochenzeitung. Im Siebenjährigen Krieg (1756–63) muß die Stadt Truppendurchzüge und Einquartierungen ertragen. Die Unabhängigkeitserklärung der Vereinigten Staaten 1776 gibt Bremen die Gelegenheit, den direkten Verkehr mit Nordamerika aufzunehmen. 1796 wird ein amerikanisches Konsulat in Bremen errichtet. Es folgen Handelsbeziehungen mit Südamerika.

19. Jahrhundert. Ab 1803 werden die Festungswälle und Bastionen abgetragen und in Grünanlagen umgewandelt. Von 1810–13 ist Bremen dem französischen Kaiserreich einverleibt. In der Folgezeit entwickelt sich die Stadt zum größten europäischen Auswandererhafen des Kontinents und zum bedeutenden Einfuhrhafen für Tabak, Baumwolle und Reis. Die Voraussetzung für ein solches Aufblühen des Überseehandels war der Bau eines Seehafens an der Wesermündung. Es gelingt dem Bürgermeister Johann Smidt 1827, von dem damaligen Königreich Hannover einen Landstreifen zu erwerben und dort die Stadt Bremerhaven zu gründen. 1847 erste Postdampferverbindung zwischen der jungen Hafenstadt Bremerhaven und Nordamerika, im gleichen Jahr wird Bremen an das deutsche Eisenbahnnetz angeschlossen. 1857 wird der Norddeutsche Lloyd gegründet. Weitere Reedereien folgen. Um 1880 beginnt der Ausbau der Häfen im Nordwesten der Stadt, 1887 die Regulierung der Unterweser durch Ludwig Franzius, die nunmehr auch Seeschiffen wieder die Fahrt nach Bremen ermöglicht, was lange Zeit wegen der zunehmenden Versandung des Flusses nicht möglich gewesen war. 1888 tritt Bremen dem Zollverein bei. Der erste Freihafen (Europahafen) wird nach Vollendung der großen Weserkorrektion in Betrieb genommen.

20. Jahrhundert. Es folgt die Ansiedlung großer industrieller Werke. Bis 1914 erreicht Bremen eine Handelsflotte von über 1 Mio. BRT und eine Bevölkerung von 264 000. Der verlorene Erste Weltkrieg trifft Bremen schwer. Alle Handelsverbindungen sind abgerissen, die Größe der Handelsflotte ist infolge erzwungener Ablieferung auf 60 000 BRT abgesunken, doch gelingt es, diesen Rückschlag in den zwanziger Jahren fast wieder auszugleichen. Bis 1939 ist die Bevölkerungszahl auf 425 000 gestiegen. Die Folgen des Zweiten Weltkrieges erschüttern die wirtschaftlichen Grundlagen Bremens abermals schwer. Die Handelsflotte geht ganz verloren. Die Hälfte aller Wohnungen, viele wertvolle Gebäude, darunter auch Kirchen, die Brücken und zahlreiche industrielle Betriebe werden zerstört, im ganzen etwa 62% der Stadt. Bei den 173 Bombenangriffen (die schwersten am 18. Aug. und 6. Okt. 1944) finden 3852 Menschen den Tod. Am 26. April 1945 besetzen englische Truppen die Stadt. Bremen wird zusammen mit Bremerhaven amerikanische Enklave im englischen Besatzungsgebiet und Nachschubbasis für die amerikanischen Besatzungstruppen.

Mit dem Wiederaufbau wird unverzüglich begonnen. Binnen 25 Jahren entwickelt sich Bremen zu neuer Größe. Gegenüber der Vorkriegszeit haben sich bis zum Jahre 1970 Produktion, Handel und Güterumschlag verdoppelt. Es entstehen neue Brücken und Hafenbecken, neue Wohnviertel und Krankenhäuser, neue Kaufhäuser und Industrien. Um die City vom Durchgangsverkehr zu entlasten, werden Umgehungs- und Hochstraßen gebaut. 1955 erreicht die bremische Handelsflotte wieder den Umfang von 500 000 BRT, die bremische Bevölkerung die Zahl von 500 000 Einwohnern. 1964 wird die Autobahn nach Hannover bis Walsrode, 1968 die ins Ruhrgebiet (Hansalinie) freigegeben. 1965 feiert Bremen sein 1000jähriges Bestehen als Handelsplatz. 1971 Beginn des Lehrbetriebs an der neuen Universität. 1978 wird die Autobahn nach Bremerhaven fertiggestellt.

Bremer Persönlichkeiten

Ansgar (801–865), geb. in der Picardie, wirkte als Missionar in Jütland und Schweden, wurde 831 erster Bischof, 834 Erzbischof von Hamburg, seit 845 in Bremen, heilig gesprochen mit dem Ehrennamen „Apostel des Nordens".

Adaldag, Kanzler und einflußreicher Ratgeber Kaiser Ottos des Großen, 936 bis 988 Erzbischof von Hamburg–Bremen. Erlangte 965 das Recht, in Bremen einen Markt zu errichten.

Adalbert (um 1000–1072), versuchte als Erzbischof von Hamburg–Bremen (1043–72), ein „Patriarchat des Nordens" zu schaffen, scheiterte aber am Widerstand Roms. Unter ihm war Bremen „gleich Rom namhaft und ein Sammelplatz der Völker".

Adam von Bremen († um 1085), deutscher Geschichtsschreiber, kam 1066 nach Bremen und schrieb als Domscholastiker die hamburgisch-bremische Kirchengeschichte, den ersten zuverlässigen Bericht über den europäischen Norden.

Büren, Daniel von (1512–93), seit 1538 Ratsherr, 1562–91 Bürgermeister, einer der bedeutendsten, die Bremen gehabt hat; Führer in der Abwendung vom strengen Luthertum zum Calvinismus.

Coccejus, Johannes (eigtl. Koch; 1603–69), bedeutender reformierter Theologe, 1630–36 Professor am Gymnasium Illustre, später an den holländischen Universitäten Franeker und Leiden. Schrieb das erste hebräische Wörterbuch.

Neander, Joachim (1650–80), Dichter vieler Kirchenlieder, u. a. „Lobe den Herren ...". Seit 1674 Rektor der Lateinschule in Düsseldorf, 1679 wieder als Frühprediger in Bremen.

Göschen, Georg Joachim (1752–1828), hervorragender Verleger der Klassik (Goethe, Schiller und Wieland). Gründete 1785 in Leipzig die Göschen'sche Verlagsbuchhandlung.

Knigge, Adolf Frhr. von (1752–96), Schriftsteller aus Bredenbeck bei Hannover, 1790–96 hannoverscher Oberhauptmann in Bremen, Verfasser des berühmten Erziehungsbuches „Über den Umgang mit Menschen" (1788). Grab im Dom.

Olbers, Wilhelm (1758–1840), Arzt und Astronom. Entdeckte sechs Kometen und die beiden Planetoiden Pallas und Vesta.

Smidt, Johann (1773–1857), Bremens größter Bürgermeister. Gründer Bremerhavens, Teilnehmer als Gesandter am Wiener Kongress 1815, bremischer Bundestagsabgesandter in Frankfurt. Sehr konservativer, auch antisemitischer Politiker.

Bessel, Friedrich Wilhelm (1784–1846), ursprünglich „Handlungsgehilfe", einer der bedeutendsten Astronomen Deutschlands. Universitätsprofessor und Direktor der Sternwarte in Königsberg.

Duckwitz, Arnold (1800–81), Kaufmann und Wirtschaftspolitiker, seit 1841 Senator, 1848–49 Reichshandelsminister und Schöpfer der ersten deutschen Kriegsflotte, 1857–63 und 1866–73 Bürgermeister von Bremen.

Meier, Hermann Heinrich (1809–98), Überseekaufmann, gründete 1856 das erste selbständige Geldinstitut in Bremen, die Bremer Bank, 1857 den Norddeutschen Lloyd; nationalliberaler Politiker.

Gildemeister, Otto (1823–1902), bremischer Staatsmann, Übersetzer (Byron, Ariost, Dante, Shakespeare) und Verfasser feingeschliffener Essays. Wurde 1852 Sekretär des Senats und war 1871–75, 1877–81 und 1883–87 Bürgermeister. 1867–90 vertrat er Bremen im Bundesrat.

Rohlfs, Gerhard (1831–96), aus Vegesack, unternahm 1860–80 bedeutende Forschungsreisen in die Sahara, nach Marokko, in das Niger- und Benuegebiet und nach Abessinien.

Franzius, Ludwig (1832–1903), genialer Wasserbauingenieur aus Wittmund (Ostfriesland), 1867 Lehrer für Wasserbau an der Bauakademie, 1875 Oberbaudirektor, Schöpfer des Freihafens (1885–88) und der Unterweserkorrektur (1887–95).

Lüderitz, Adolf (1834–86), Tabakkaufmann, erwarb 1883 den Hafen Angra-Pequena (später Lüderitzbucht) und wurde damit Gründer der ersten deutschen Kolonie Deutsch-Südwestafrika – heute sehr umstritten.

Hoffmann, Ottilie (1835–1925), Begründerin der deutschen alkoholfreien Speisehäuser. Pädagogin und Sozialpolitikerin.

Fitger, Arthur (1840–1909), Maler und Dichter aus Delmenhorst, seit 1869 in Bremen, wo er dekorative Monumentalmalereien (u. a. im Ratskeller) schuf und mehrere Dramen verfaßte.

Schäfer, Dietrich (1845–1929), Historiker, bis 1877 in Bremen, dann Professor in Jena, Tübingen und 1903–21 in Berlin. Seine Forschungen befaßten sich vor allem mit der Hanse und der nordischen Geschichte.

Heyl, Hedwig (1850–1935), Tochter des Mitbegründers des Norddeutschen Lloyd Crüsemann. Pionierin der hauswirtschaftlichen und sozialpädagogischen Frauenarbeit in Deutschland. Förderin der Fröbelschen Ideen, Begründerin vieler Berliner Institute.

Wiegand, Heinrich (1855–1909), Direktor des Norddeutschen Lloyd, Vater der Bremer Industrie. Begründer vieler großer Werke, legte den Grundstein zu den heutigen Klöckner-Werken.

Quidde, Ludwig (1858–1941), Historiker und Politiker. Mitglied der Dt. Volkspartei und Pazifist. Vorsitzender der deutschen Friedensgesellschaft 1914–29. 1927 Friedensnobelpreis zusammen mit F. E. Buisson.

Hampe, Karl (1869–1936), Historiker, Prof. in Heidelberg, Erforscher der Reichs- und Weltgeschichte des Mittelalters. Hauptwerk: Die Herrschergestalten des Deutschen Mittelalters (1928).

Ebert, Friedrich (1871–1925), sozialdemokratischer Reichspräsident (1919–25). War von 1900–05 Bürgerschaftsabgeordneter in Bremen.

Vogeler, Heinrich (1872–1942), Maler, Graphiker und Innenarchitekt. Entwarf, beeinflußt vom Jugendstil, Inneneinrichtungen und Buchillustrationen. Von 1894 an in Worpswede tätig, wandte sich nach dem Kriegserlebnis dem Kommunismus zu. Lebte von 1923 an in Worpswede und Moskau, ging 1931 endgültig in die Sowjetunion, wo er versuchte, mit seiner Kunst politisch zu wirken. Starb in Kasachstan.

Roselius, Ludwig (1874–1943), Großkaufmann, gründete 1906 die Handels-AG HAG für koffeinfreien Kaffee. Als Förderer kultureller Bestrebungen schuf er mit den Architekten Hoetger, Runge und Scotland 1926–31 die „Böttcherstraße“ (→ S. 51).

Kippenberg, Anton (1874–1950), leitete seit 1905 den 1902 in Leipzig gegründeten Inselverlag. Er trug als Sammler die größte private Goethe-Sammlung zusammen, die sich heute im Goethe-Museum der Stadt Düsseldorf befindet.

Scharrelmann, Wilhelm (1875–1950), Lehrer und Schriftsteller. Erzähler von Märchen, Fabeln, Kinder- und Tiergeschichten aus seiner niederdeutschen Heimat. Lebte von 1928 an in Worpswede.

Becker-Modersohn, Paula (1876–1907), Malerin von bäuerlichen Frauen und Kindern sowie Stilleben in einfacher, flächenhafter Formgebung. Lebte von 1898 an in der Künstlerkolonie Worpswede, Frau des Malers Otto Modersohn.

Schröder, Rudolf Alexander (1878–1962), Lyriker und Essayist, Erneuerer des protestantisch Kirchenliedes, bedeutender Übersetzer, Architekt, Mitbegründer des Insel-Verlages und der „Bremer Presse". Lebte 1908–35 in Bremen.

Gorsemann, Ernst (1886–1960), Bildhauer, Meister der Großplastik. Nach Jahren in Berlin Professor an der Staatl. Kunstschule in Bremen.

Rowohlt, Ernst (1887–1960), bedeutender Verleger schöngeistiger Literatur. Gründete seinen Verlag dreimal neu: 1908 in Leipzig, 1919 in Berlin, 1945 in Hamburg. Verleger der „Literarischen Welt" (1925–33). Seine Autoren sind u. a.: Musil, Polgar, Ringelnatz, Tucholsky, Borchert, Fallada, Bronnen, die Franzosen Camus, Sartre, Beauvoir, die Amerikaner Hemingway, Faulkner, Lewis, Dos Passos, Wolfe. Nach 1945 Bahnbrecher für das billige Taschenbuch, rororo („rowohlts rotations romane").

Kaisen, Wilhelm (1887–1979), geb. in Hamburg, war als Bürgermeister und Senatspräsident (1946) entscheidend beim Wiederaufbau Bremens beteiligt. Erreichte Abbau der Restriktionen in Handel und Schiffahrt und schuf die Grundlagen, auf denen Bremen seine Selbständigkeit bewahren konnte.

Oelfken, Tami (1888–1957), Schriftstellerin. Mitglied des Worpsweder Künstlerkreises. Bekannt durch ihre Kinderbücher.

Borgward, Carl F. W. (1890–1963), Automobilkonstrukteur und Hauptgesellschafter des 1961 in Konkurs gegangenen Automobilunternehmens Carl F. W. Borgward GmbH in Bremen, zu dem auch die Lloyd-Motoren-Werke GmbH und das Goliath-Werk GmbH gehörten.

Lerbs, Karl (1893–1946), Erzähler, Dramatiker und Drehbuchautor. Sammler und Verfasser von bremischen Anekdoten („Der lachende Roland").

Scharoun, Hans Bernhard (1893–1972), bedeutender Architekt und Städtebauer. Vorreiter einer modernen, funktionellen Bauweise. Lehrer an der Kunstakademie in Breslau bis 1932. Nach 1945 Leiter des Instituts für Städtebau in Berlin und Mitbegründer der Akademie der Künste. Hauptwerke: in Berlin die Philharmonie und Staatsbibliothek, in Stuttgart die Hochhäuser „Salute" und „Romeo und Julia", in Bremerhaven das Deutsche Schiffahrtsmuseum.

Hausmann, Manfred (1898–1986), Schriftsteller, lebte lange Zeit in Worpswede; Feuilletonredakteur beim Bremer Weser-Kurier 1924–25 und 1945–52. Vagabundenromantik im Frühwerk.

Lampe, Friedrich (1899–1945), Schriftsteller (Friedo L.). Nach Studium Volksbibliothekar, dann Verlagslektor in Berlin. Erzähler mit Neigung zu Surrealismus, Filmtechnik und magischem Realismus (1937; „Septembergewitter").

Andersen, Lale (1913–72), Schauspielerin und Chansonsängerin, eigentlich Liselotte Bunnenberg aus Bremerhaven, Tochter eines Steuermannes. Geliebt und berühmt bei den Soldaten aller Fronten war das von ihr gesungene Laternenlied von der „Lili Marleen" (Text von Hans Leip, Melodie Norbert Schulze), das der Soldatensender Belgrad ausstrahlte. Beerdigt auf der Insel Langeoog.

Karl Carstens (1914–92) trat als Rechtsanwalt in die Dienste des Landes Bremen. Sein Förderer Wilhelm Kaisen schickte ihn nach Bonn. Professor Carstens' politische Laufbahn begann 1960 als Staatssekretär des Auswärtigen Amtes. Als Wissenschaftler, hoher Beamter, als konservativer Parlamentarier und schließlich als Bundespräsident der sozialliberalen Koalition (1979–84) hat er dem Staat einen guten Weg gewiesen.

STADTBESCHREIBUNG

Die Altstadt, das älteste Siedlungsgebiet der Stadt, liegt auf einem Höhenrücken zwischen Weser und Wallanlagen und erstreckt sich in 1500 m Länge und 500 m Breite. Hier findet man das, was an mittelalterlichen Kirchen, an Profanbauten und an Schmuckfassaden alter Bürgerhäuser noch erhalten ist, sowie die berühmte Böttcherstraße und das Schnoorviertel.

Die Stadtbesichtigung beginnt man am besten am Markt. An ihm liegen das Rathaus, der Schütting, das Haus der Bürgerschaft (Parlament) und einige ältere Privathäuser, in nächster Nähe der Dom und die Kirche Unser Lieben Frauen. Vom Markt geht eine Reihe z. T. wichtiger Straßen aus: nach Nordwesten die Langenstraße und die Obernstraße, nach Nordosten der Domshof, nach Südosten der Straßenzug Am Dom-Domsheide und die Marktstraße, nach Südwesten die Wacht-, die Schüttingstraße und die Stintbrücke. Hinter dem Schütting führt die Böttcherstraße zur Martinikirche und zum Anleger für Personenschiffe, weiter südlich die Balgebrückstraße zur Wilhelm-Kaisen-Brücke. Oberhalb dieser liegen die Johanniskirche und das Schnoorviertel. Die nördlich um das Rathaus herumführende Straße heißt Unser-Lieben-Frauen-Kirchhof. Marktplatz, Böttcherstraße, Liebfrauenkirchhof und Sögestraße bilden eine Fußgängerzone. Mit ihrer ständigen Erweiterung ist zu rechnen.

Der älteste Hafen Bremens befand sich an der Balge, einem natürlichen Nebenarm der Weser, der einen Teil der Altstadt umschloß. Er dürfte im 10. Jh. angelegt worden sein, war von See her mit der Flutwelle für kleinere Seeschiffe zugänglich und diente dem direkten Warenumschlag am Marktplatz. Die Balge blieb Hafengelegenheit bis etwa 1600.

Stadtbesichtigung 1: Das Zentrum

Roland – Rathaus – Ratskeller – Schütting – Haus der Bürgerschaft – St.-Petri-Dom – Unser Lieben Frauen

Den Zugang zum Zentrum vom Bahnhof her bilden das Hillmann Center mit einer attraktiven Einkaufspassage, das über den Stadtgraben führende Herdentor und die Sögestraße (Söge = Sau). Die in dieser Fußgängerzone aufgestellte Schweinegruppe, mit Hirt und Hund, ist eine Arbeit von P. Lehmann (1974). Auf dem Markt vor der Südwestseite des Rathauses steht der berühmte ***Roland,** 1404 anstelle einer hölzernen Statue aus Kalkstein errichtet, 1938–39 und vor wenigen Jahren restauriert, mit Sockel 10,21 m hoch. Er ist ein Sinnbild für den Anspruch der Bürger auf Reichsunmittelbarkeit, Markt-

recht und zugleich auf Befreiung von der Bevormundung durch den erzbischöflichen Landesherrn. Der bart- und helmlose Jüngling hält in der Rechten das Gerichtsschwert, die Linke umfaßt den Gürtel, dessen Schließe ein musizierender Engel ziert. Der Schild mit dem doppelköpfigen Reichsadler wurde erst 1512 hinzugefügt. Die Umschrift auf dem Schilde lautet: „Vryheit do ik ju openbar / de Karl (Karl der Große) und menich vorst vorwar / desser stede ghegeven hat / des danket Gode is min radt" („Freiheit offenbare ich euch, die Karl und mancher Fürst, fürwahr, dieser Stadt gegeben hat. Dafür danket Gott, ist mein Rat").

Das **Rathaus** (Öffnungszeiten/Führungen → S. 25) ist in seinem Kern ein 1405-10 ausgeführter spätgotischer Backsteinbau mit Eingängen auf den Schmalseiten im Osten und Westen. Es enthält außer dem Ratskeller in zwei Geschossen je einen die gesamte Länge und Breite einnehmenden Saal. Einst war es mit Zinnen bekrönt und hatte vier Ecktürme. Der Marktseite war ein Bogengang vorgebaut, dessen zwölf Sandsteinsäulen einen hölzernen Wehrgang und in der Mitte die Ratslaube trugen. Einziges Schmuckwerk war ein noch heute erhaltener Figurenzyklus aus Oberkirchner Sandstein: Kaiser Karl mit den sieben Kurfürsten sowie biblische Figuren, Weise, Propheten und berühmte Redner. Die Figuren auf der Marktseite sind (v. l.): der Kaiser, die geistlichen Kurfürsten von Mainz, Trier und Köln und die weltlichen von Böhmen, der Pfalz, Sachsen und Brandenburg; – die der Ostseite (gleichfalls v. l.): der Apostel Petrus (Schutzpatron der Stadt), eine als „Doktor" bezeichnete Figur, Moses und Salomo; – die der Westseite: Plato, Aristoteles, Demosthenes und Cicero. Die Statuen stehen unter Baldachinen auf zierlichen Konsolen, die ihrerseits mit Trägerfiguren geschmückt sind. Vor einigen Jahren wurden die Kalksteinfiguren durch Kopien ersetzt; Originale im Focke-Museum (→ S. 69).

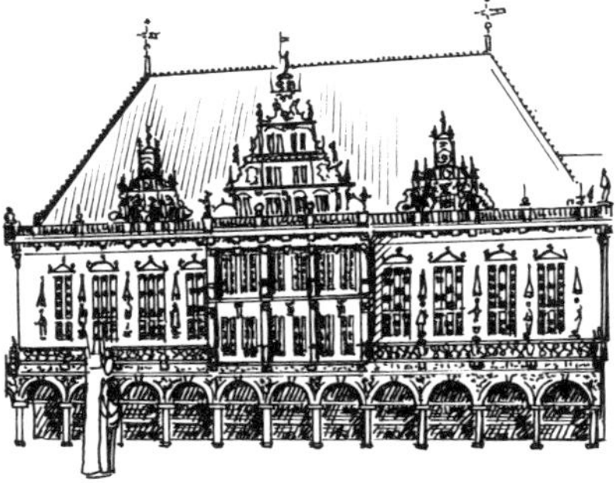

Vor diesen alten Baukörper wurde 1608 bis 1612 an der Marktseite unter Erhaltung des elfbogigen Laubenganges, der Fensteröffnungen und der Sandsteinfiguren eine prächtige Fassade im Weserrenaissancestil mit dreiachsigem und in zwei Stockwerke gegliedertem Mittelrisalit vorgesetzt, gekrönt von einem fünfstufigen, flandrischen Giebel und zwei kleineren flankierenden Seitengiebeln. Baumeister war Lüder von Bentheim. Im Zuge dieses Umbaus wurden auch die Ecktürme beseitigt bis auf den an der Nordwestecke, der mit seiner Trägerfigur, einem Steinmetzen, wahrscheinlich Meister Johannes, einem Bildhauer der Sandsteinfiguren, noch erhalten ist. An ihre Stelle traten freistehende Statuen, wie auch die drei Giebel mit Statuen und Obelisken geschmückt sind. Die Zinnen wurden durch eine von Konsolen getragene Balustrade, der Wehrgang wurde durch einen Balkon ersetzt. Über dem Bogengang verläuft ein reich profilierter Fries; auch die Bogenzwickel zeigen reichen plastischen Schmuck. Die Stürze über den gotischen Fenstern beiderseits des Mittelbaus wurden abwechselnd als Dreiecksgiebel oder als Flachbogen ausgebildet. Fast vollständig das alte Bild des ursprünglich gotischen Baus mit spitzbogigen Fenstern und Portalen zeigen heute noch die beiden Schmalseiten. Unter dem erhalten gebliebenen Nordwestturm steht die 1952 von G. Marcks geschaffene Bronzeplastik *Die Bremer Stadtmusikanten.*

Inneres. Die *Untere Halle* ist fast unverändert aus gotischer Zeit erhalten geblieben. Sie wird durch zwei Reihen von je 10 rohbehauenen, achtkantigen Eichenholzpfeilern in drei Schiffe geteilt und hat eine schwere Balkendecke. Nur die Portale in der Nordwand stammen aus späterer Zeit. Die wie ein Flett (Wohn- und Herdraum des niedersächsischen Bauernhauses) anmutende Halle diente Jahrhunderte lang Verkaufszwecken und gelegentlich auch Schaustellungen. In einem abgeteilten Raum tagte das Niedergericht. Heute wird die Halle für Ausstellungen benutzt.

Von der Unteren Halle führt eine heute nur noch bei besonderen Veranstaltungen benutzte Wendeltreppe aus dem Jahre 1536 zur *Oberen Halle,* einem 40 m langen, 13 m breiten und 8 m hohen Saal, der gleichzeitig Fest-, Empfangs- und Sitzungssaal des Rats und des Obergerichtes war und eine Reihe von Kunstwerken aus verschiedenen Zeiten enthält. Man betritt ihn gewöhnlich von der Nordostecke durch ein reich geschmücktes Portal im Hochrenaissancestil von 1550. In der Nordwand befinden sich noch weitere Portale, darunter holzgeschnitzte sowie ein besonders prunkvolles aus Marmor mit einem Alabasterrelief, Tugenden darstellend, aus dem Jahre 1577. Von den beiden großen Fresken über den Portalen aus der Zeit um 1532 symbolisiert das linke die Gründung des Bistums Bremen. Es zeigt Kaiser Karl und Bischof Willehad, zwischen ihnen den Dom und das

bremische Wappen, unter ihnen die Wappen der vier Bürgermeister des Jahres 1532. Der umrahmende Text nimmt in Versform auf die Stadtgeschichte und die Beteiligung Bremens an den Kreuzzügen Bezug.
Das rechte Wandbild aus gleicher Zeit stammt aus der Werkstatt des Kölner Bildhauers Bartholomäus Bruyn und stellt das Salomonische Urteil dar. Seitlich Bilder von Propheten und Weisen mit Sätzen zur Rechtsprechung in lateinischer Sprache. Von der stützenlosen Holzbalkendecke, die mit Medaillons deutscher Kaiser bis Sigismund verziert ist, hängen Modelle alter bremischer Kriegsschiffe. Bemerkenswert ist noch eine Standuhr aus dem Jahre 1739 mit eingebautem Glockenspiel. Das prächtige mittelalterliche Ratsgestühl wurde Ende des 19. Jhs. beseitigt; Reste befinden sich im Focke-Museum (→ S. 69). Die Wappenfenster sind teils neu, teils aus dem 17. und 18. Jh.
Den größten Blickfang bildet jedoch der hinter dem Mittelbau der Marktseite liegende und in den Raum vorspringende **Erker*, der zwei kleine übereinanderliegende Räume enthält. Die durch Vertäfelungen, Fenster und Gemälde mit allegorischen Darstellungen reich gegliederte Wand mit üppigem Schnitzwerk stammt aus dem Jahre 1616. Eine prunkvolle Wendeltreppe, im gleichen Jahr von einem auswärtigen, Knecht Ronning genannten, Schnitzer geschaffen, führt zu einer geschnitzten Tür, dem Eingang zum oberen Raum. Sie war eigentlich als Eingang zum unteren vorgesehen; statt ihrer wurde hier 1620 aber ein noch prächtigeres, figurengeschmücktes Portal eingebaut, ein Werk des Bremer Holzschnitzers Hoppenstede. Das Alabasterbild über dem Türrahmen stellt den Römer Marcus Curtius dar, wie er sich zur Rettung seiner Vaterstadt in den Abgrund stürzt. Nicht minder üppig ausgestattet sind auch die Innenräume des Erkers. Der untere, der für vertrauliche Sitzungen des Rates bestimmt war, wurde wegen seiner vergoldeten Ledertapete aus dem Jahre 1620 Güldenkammer genannt. Von ihr sowie von der sonstigen dekorativen Ausstattung dieser Zeit ist nichts mehr vorhanden. Die heutige Gestaltung des Raumes im Jugendstil nahm 1905 der Worpsweder Maler Heinrich Vogeler (s. S. 37) vor. Das Hauptmotiv, stilisierte Vögel, kehrt in allen Dekorationen, in den Intarsien, den Pilasterkapitellen, den Möbeln und in der erneuerten Ledertapete wieder. Die Raumgestaltung und alle Einrichtungsgegenstände sind herausragende Meisterwerke des Jugendstil. Der obere Raum diente als Ratsarchiv und wird heute als Musiktribüne genutzt.

Hinter dem Alten Rathaus stand früher das erzbischöfliche Palatium, das 1817–19 zu einem schmucklosen Verwaltungsgebäude, dem Stadthaus, umgebaut wurde. An dessen Stelle wurde 1909–13 nach Plänen des Münchner Architekten Gabriel von Seidl in stilvoller Anpassung an das alte Rathaus diesem ein doppelt so großer Erweiterungsbau, das **Neue Rathaus** im Neurenaissancestil angefügt. Es enthält einen Festsaal, in dem 1946–66 die Bürgerschaft tagte. Auf vier Gemälden sind die ehemaligen Haupttore der Stadt (Braut, Ansgaritor, Hohetor und Zwinger) dargestellt; ein anderes Gemälde zeigt Orlogschiffe (Kriegsschiffe zum Schutz vor Seeräubern) auf der Weser mit der Stadt im 17. Jh. Zwei anschließende Räume, deren Hauptdekor ein französischer Kamin bzw. zwei wertvolle französische Gobelins aus dem 17. Jh. sind, werden als Kaminsaal und Gobelinzimmer bezeichnet. Im Senatssaal tagt wöchentlich der Senat; das Hansezimmer ist das Dienstzimmer des Präsidenten des Senats. Das Gemälde im Treppenhaus zeigt Bremerhaven im Jahre 1842, 15 Jahre nach seiner Gründung durch

Johann Smidt, Bremens bedeutendsten Bürgermeister, dessen Marmorstatue von Carl Steinhäuser in der oberen Wandelhalle steht. Zu erwähnen sind ferner Kronleuchter aus Walkiefern (Walknochen), Geschenke Hamburgs und Lübecks, ein Porträt des Rathausarchitekten Gabriel von Seidl von Samberger, eine Büste Friedrich Eberts, des ersten deutschen Reichspräsidenten, der von 1900–1905 bremischer Bürgerschaftsabgeordneter war, von Georg Kolbe, eine Büste des ersten Bundespräsidenten Theodor Heuss von Gerhard Marcks, Büsten der Bürgermeister Wilhelm Kaisen und Theodor Spitta und eine Bronzeplastik Nautik von F. Behn. Der Sandsteinkamin im Vorraum zur Oberen Halle des alten Rathauses stammt noch vom früheren Stadthaus.

Das Weinmonopol des Rates war 1408 ausschlaggebend für die Einrichtung des ***Bremer Ratskellers,** einen der ältesten Stadtweinkeller. Heute werden in historischen Räumen über 600 Weine aus allen deutschen Anbaugebieten ausgeschenkt. In der dreischiffigen *Alten Halle,* die man zunächst betritt, stehen an der nördlichen Wand mächtige, geschnitzte Weinfässer, die heute allerdings nur noch zur Dekoration dienen. Die seitlichen Holzverschläge, die intime kleine Trinkstuben enthalten, heißen Priölken. Im angrenzenden *Apostelkeller* stehen zwölf nach den Aposteln benannte Fässer, von denen noch einige gefüllt sind, so z. B. das „Simon-Fass" mit einem Rüdesheimer von 1723. Weiterhin der *Rosekeller* mit dem „Rosefaß" (Rüdesheimer Rosewein von 1653), in dem eine unter die Decke gemalte kupferne Rose an die geheimen Ratsverhandlungen („sub rosa") erinnern soll. Den *Hauffsaal* hat Max Slevogt 1927 mit Motiven aus Wilhelm Hauffs Erzählung „Phantasien im Bremer Ratskeller" (1827) ausgeschmückt. Zu nennen sind noch das *Senats- und das Kaiserzimmer* und schließlich der tiefer gelegene *Bacchuskeller,* der erst 1620 angelegt wurde. Er ist nach dem auf dem Faß reitenden Bacchus benannt und mit Fresken des Bremer Slevogtschülers Carl Dannemann ausgemalt.

Der **Schütting,** das alte Gildehaus der bremischen Kaufleute gegenüber vom Rathaus, wurde 1537–38 von Johann den Buscheneer aus Antwerpen erbaut und 1594 durch einen geschwungenen Mittelgiebel und eine Balustrade erweitert. Der 1951–52 erneuerte spätgotische Stufengiebel auf der westlichen Schmalseite mit viereckigen Säulen, auf denen Löwen

sitzen, stammt noch aus älterer Zeit. Der mit Pilastern und Rundmedaillons verzierte Frührenaissancegiebel der Ostseite wurde 1565 von Carsten Husmann hinzugefügt. Die Vorlage eines neubarocken Portals mit einer Freitreppe 1896–99 hat die Stilreinheit der Renaissancefassade leider etwas beeinträchtigt. Das 1944 im Feuersturm völlig ausgebrannte Gebäude wurde innerhalb der erhalten gebliebenen Außenmauern durch den Bremer Architekten Fritz Brandt wieder aufgebaut und ist heute Sitz der Handelskammer, die 1849 an die Stelle des Kollegiums der Elterleute getreten war.
Das Sparkassenhaus an der Westseite des Marktes, Ecke Langenstraße, ist ein Neubau von 1958, dem eine außerordentlich schöne Rokokofassade von 1755 vorgesetzt wurde. Die Fassaden der Häuser Ecke Obernstraße hat 1908–11 R. Jacobs unter Verwendung von Bauteilen älterer Häuser im alten Stil bremischer Bürgerhäuser mit Backstein und Obernkirchener Sandstein erneuert.

Das **Haus der Bürgerschaft,** das Landesparlament, an der Ostseite des Marktes wurde nach langen Diskussionen und Wettbewerben 1963–66 nach Plänen des Berliner Architekten Wassilij Luckhardt auf dem Gelände der 1944 zerstörten Börse erbaut. Es paßt sich in den Rahmen des Marktplatzes ein. Die beiden glasverkleideten Fassaden zum Dom und zum Markt hin hat der Bildhauer Bernhard Heiliger mit *querlaufenden Bronzereliefs* ausgeschmückt. Das Erdgeschoß enthält die Eingangshalle und die Bibliothek, das erste Obergeschoß Verwaltungsräume und die Sitzungsräume der Fraktionen, das zweite Obergeschoß den *Plenarsaal* für die 100 Abgeordneten mit vorgelagertem Festsaal, der gleichzeitig als Wandelhalle dient. Auf dem Rang des Plenarsaales haben etwa 200 Besucher Platz. Das stilisierte Bremer Staatswappen über dem Platz des Bürgerschaftspräsidenten schuf Günter Colberg, die moderne Plastik in der Mittelhalle des ersten Obergeschosses die Bildhauerin Brigitte Meier-Denninghoff, den Gobelin im Treppenhaus webte Elisabeth Cadow aus Bremerhaven. Führungen (Dauer 20 Min.) Mo–Fr 10 und 14.15 Uhr.

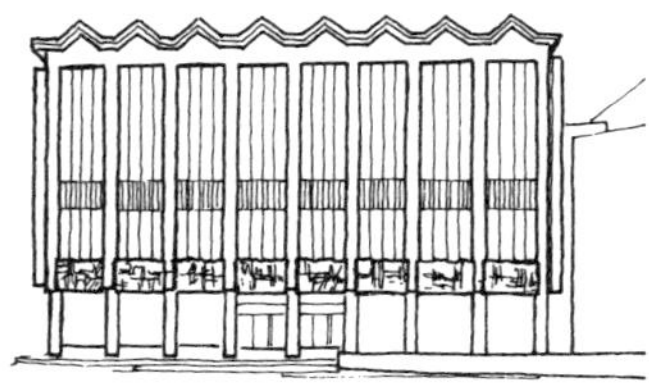

Der ***St.-Petri-Dom** (ev.), 92 m lang, 38 m breit, 31 m hoch, wurde 1041 anstelle eines in den Kämpfen mit Germanenstämmen zerstörten kleineren Baues von Erzbischof Bezelin begonnen und nach dessen Tode 1043 von seinem Nachfolger Adalbert als dreischiffige

Pfeilerbasilika mit neun Jochen, doppeltem Chor, Vierung, quadratischen Kreuzflügeln und zwei Krypten ausgeführt. Anregungen für seine Gestaltung empfing Adalbert von dem romanischen Dom in Benevent (Unteritalien), wohin er Kaiser Heinrich III. auf einem Feldzug begleitet hatte. Die Westkrypta wurde 1068 geweiht, die Ostkrypta gegen Ende des 11. Jhs. von Erzbischof Liemar vollendet. Erst in der ersten Hälfte des 13. Jhs. unter Erzbischof Gerhard II. wurden unter gleichzeitiger Neugestaltung der Westfassade die Türme hochgeführt und der Dom eingewölbt.

Um 1300, 1420 und 1500 wurde an der Südseite eine Reihe von Kapellen angebaut, 1502–22 wurde durch Cord Poppelken aus Osnabrück das ausgebrannte nördliche Seitenschiff in gleichen Größenverhältnissen wie das Hauptschiff neu errichtet. Die Einführung der Reformation in Bremen (1522) unterbrach die Bautätigkeit, wodurch der geplante Ausbau auch des südlichen Seitenschiffes unterblieb. Lange Zeit blieb der Dom ungenutzt; 1638 wurde der Südturm baufällig und stürzte ein; 1656 brannte der Nordturm aus. Im 18. Jh. wurden nur die notwendigsten Ausbesserungen vorgenommen. Durchgreifende Renovierungen erfolgten 1888–1901 und im Innenraum 1976–86, wobei interessante Ausgrabungen gemacht wurden (Dom-Museum → S. 47).

Die Westfassade mit den beiden 98 m hohen Türmen wurde bis 1909 erneuert, diese mit achtseitigen Helmen versehen und ein 46 m hoher Vierungsturm aufgesetzt. Neu ist auch der plastische Schmuck an den Westportalen: 5 Standbilder aus Sandstein: Karl d. Gr. (Mitte), Moses und David (l.), Petrus und Paulus (r.), Löwen und Greifen aus Bronze, die Goldmosaiken der beiden Blendbögen, die bronzenen Türflügel mit biblischen Szenen in Kassettenform (aus dem alten Testament an der nördlichen, aus dem neuen Testament an der südlichen Tür), ferner das *Brautportal* (1) an der Nordseite. Die in die Bronzetüren eingelassenen Löwenkopftürzieher stammen noch aus dem 13. Jh. An der Südseite wurde 1928 anstelle der Domkurie ein Saalbau mit dem Restaurant „Die Glocke“ angebaut. Neben dem nördlichen Domturm steht auf einem 6 m hohen Sockel ein bronzenes Reiterstandbild des Fürsten Bismarck (1910; A. v. Hildebrand), neben dem südlichen Turm der Turmbläserbrunnen (1899; G. Dennert).

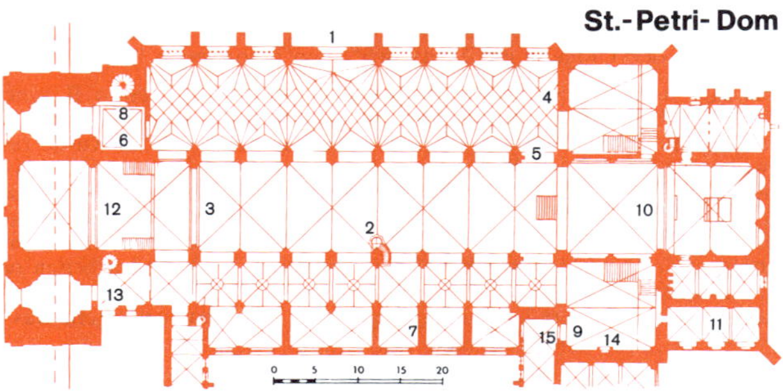

1 Brautportal (um 1890)
2 Kanzel (1638)
3 Reliefs an der Orgelbrüstung (1518)
4 Bachorgel
5 Madonna mit Kind (um 1512)
6 Relief d. hl. Sippe (um 1512)
7 Wangen vom Chorgestühl (um 1400)
8 Kanonikus Clüver (†1547)
9 Frhr. v. Knigge (†1796)
10 Erhöhter Chor, darunter Ostkrypta (Ende 11. Jh.)
11 Dom-Museum
12 Orgelempore, darunter Westkrypta (1068) mit Taufe
13 Turmaufgang
14 Romanisches Portal
15 Die hl. Kosmas und Damian

Inneres. Stilformen von der Frühromanik bis zur Spätgotik greifen ineinander. Die Gewölbe im Ostchor stammen aus der Zeit um 1250, die im südlichen Seitenschiff aus der Übergangszeit, die engmaschigen Netzgewölbe des nördlichen Seitenschiffes aus der Zeit um 1520. Die ursprüngliche Bemalung wurde wiederhergestellt. Das Gestühl ist auf die kunstvoll geschnitzte *Kanzel* (2) ausgerichtet, die ein Geschenk der Königin Christine von Schweden aus dem Jahre 1638 ist. Der Kreuztragende Christus (1490) ist eine brabantische Arbeit. Das Fenster im Ostchor und die Rosette über dem Westchor wurden durch den Glasmaler Georg Rohde, Bremen, wiederhergestellt, ebenso einige Fenster der südlichen Seitenschiffskapellen nach Entwürfen von Carl Crodel und Robert Rabold, beide aus München. Einen hervorragenden Schmuck des Doms bildet die Brüstung der **Orgelempore* (3), ehemals Lettner, von 1518 mit der Darstellung einer geistlich-weltlichen Repräsentation der Macht der mittelalterlichen Kirche am Anfang der Reformation: im Mittelfeld die Gründer des Bistums, Karl der Große und Bischof Willehad mit dem Modell der Kirche in analoger Darstellung wie auf dem Fresko im Alten Rathaus, in den Seitenfeldern kirchenfürstliche Bauherren, Baumeister, Stifter und Stifterinnen. Das Relief ist das Werk einer aus Brabant eingewanderten Bildhauerfamilie, die im westdeutschen Raum unter dem Namen Beldensnyder oder Brabender bekannt geworden ist und auch noch andere Kunstwerke für den Dom schuf. Die viermanualige Orgel selbst stammt aus dem Jahre 1894; eine kleinere sog. *Bachorgel* (4), von den Brüdern van Vulpen aus Utrecht 1962–66 erbaut, mit hervorragendem Klang, befindet sich an der Ostwand des Nordschiffes. Gleichfalls aus der Werkstatt der Brabenderfamilie stammen eine ausdrucksvolle *Madonna mit Kind* (5) an dem letzten nördlichen Pfeiler des Mittelschiffes und ein *Relief der hl. Sippe* (6) in der Nordturmsvorhalle. In einer der Seitenkapellen des Südschiffes sind Wangen des um 1400 entstandenen *Chorgestühls* (7), 9 von ehemals 48 Eichenholzwangen mit Darstellungen aus dem alten Testament und der Heilsgeschichte, 1823 am Hochaltar abgebrochen, angebracht, z.T. drehbar. Das romanische Portal in der Südwand des Querschiffes wurde 1978 freigelegt. Von den Grabmälern sind das *Epitaph des Kanonikus Clüver*

(† 1547; 8) mit einer allegorischen Darstellung der Erlösung und lehrhaftem Spruchwerk sowie die *Grabplatte des Frhn. v. Knigge* († 1796; 9), Verfasser des Buches „Über den Umgang mit Menschen", von besonderem Interesse.

Gut erhalten sind die beiden dreischiffigen Krypten, die ältesten Räume des Domes. Die *Ostkrypta* (10) mit ihren romanischen Säulenkapitellen ist eine geräumige Unterkirche, seit dem 11. Jh. nahezu unverändert. Sie wurde restauriert, wobei die frühsalische Bausubstanz behutsam freigelegt wurde. – Das 1987 eröffnete *Dom-Museum* (11) dokumentiert die Geschichte des Doms und seiner Vorgängerbauten (Öffnungszeiten → S. 20). Zu besichtigen sind mittelalterliche Grabfunde aus Erzbischofsgräbern, die bei Restaurierungsarbeiten in den siebziger Jahren entdeckt wurden: kostbare Textilien und Goldschmiedearbeiten zählen zu den Glanzlichtern. Zum Dom-Museum gehört auch der sog. *Bleikeller* in einem Nebenraum. Hier liegen in verglasten Särgen acht Mumien vorwiegend aus dem 17. und 18. Jh., die älteste von 1450.

Die *Westkrypta* (12), der älteste Innenraum Bremens und seiner Umgebung, aber mehrfach umgebaut und erweitert, zuletzt 1958–59, wird heute als Taufkapelle benutzt. Das sehr schöne **Taufbecken* aus Bronze (um 1220) zeigt an seiner Außenseite in zwei Reihen übereinander oben Heilige und Apostel, unten Halbfiguren. Es wird von 4 auf Löwen reitenden Männern getragen und stammt wahrscheinlich von dem gleichen Meister, der auch die Löwenkopftürzieher an den Eingangstüren geschaffen hat. Sehr eindrucksvoll ist die Steinplastik **Thronender Christus* über dem Altar (um 1045). Aus der Zeit der Erbauung der Westkrypta wird die Grabplatte für 3 Bischöfe (wegen der 3 Krummstäbe) im linken Bogenfeld der Altarwand stammen. Seit den Arbeiten an der Ostkrypta steht hier auch eine kleine *Silbermannorgel* (1445). Der Südturm ist besteigbar, bis zur 60 m hohen Plattform 265 Stufen. Turmaufgang (13) gegenüber der Westkrypta (nur im Sommer). Unter dem Domgeläut ist die Glocke „Maria Gloriosa" erwähnenswert, die 1433 von Ghert Klinge gegossen wurde.

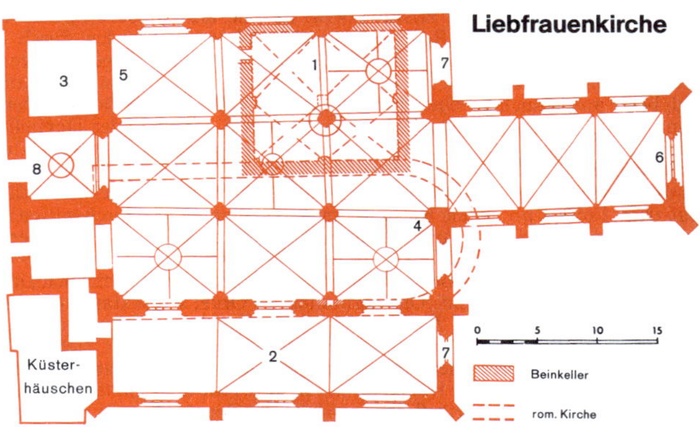

1 Krypta (darunter) der ehem. St. Veits-Kirche
2 Gemeindeschule, früher 2. Seitenschiff, darüber Christopherussaal
3 Gefallenenkapelle
4 Kanzel (1709)
5 Epitaph von Büren (1686)
6 Pfingstfenster (1966)
7 Stirnfenster (1966)
8 Rosettenfenster (1966)

Auf dem **Domshof,** dem großen Platz nördlich vom Dom, steht der 1992 eingeweihte und umstrittene *Neptunbrunnen.* Hier befinden sich mehrere Banken: die Bremer Landesbank, die Bremer Bank, die Ibero-Amerika-Bank, die Deutsche Bank, die Deutsche Schiffahrtsbank und die Deutsche Hypothekenbank. Westlich vom Domshof wurden am Katharinenklosterhof erhalten gebliebene Reste des Refektoriums und des Kreuzganges des ehemaligen Dominikanerklosters St. Katharinen (Ende des 13. Jhs.) in ein neues Parkhochhaus mit Einkaufspassage einbezogen. Ein *Glockenspiel* auf dem Dach des Eckhauses Söge-/Knochenhauerstraße läßt viertelstündlich, weithin hörbar, den Westminsterschlag ertönen.

Die **Kirche Unser Lieben Frauen** (ev; s. Plan S. 47) hinter dem Rathaus wurde um 1230 anstelle eines dem hl. Veit geweihten Baues aus dem 11. Jh. als dreischiffige westfälische Hallenkirche außerhalb des Dombezirks für den Rat der Stadt errichtet. Vom alten Bau erhalten blieben eine *Krypta* (1) mit vier von einem Mittelpfeiler getragenen Kreuzgewölben und freigelegten Fresken sowie der romanische Südturm, dem später ein höherer Nordturm und eine Vorhalle hinzugefügt wurden. Im 14. Jh. wurde der Chor um 3 Joche verlängert und das südliche Seitenschiff durch Anbau eines weiteren Schiffes vergrößert, das allerdings im 19. Jh. durch Ziehen einer Mauer von diesem abgetrennt und zur *Gemeindeschule* (2) umgebaut wurde. Im Zuge einer Restaurierung wurde 1881 die z. T. noch rein romanische Westfassade durch romanisierende Elemente, u. a. eine Fensterrose und ein Hauptportal, bereichert. Eigentümlich ist die Eindeckung mit 3 Querdächern, deren südliche Giebel durch Blendnischen reich gegliedert sind. Die darunter liegenden großen Fenster sind mit gotischem Maßwerk verziert; die unteren Fensteröffnungen und die Brüstung vor den Giebeln wurden erst später hinzugefügt.

Inneres. Im frühgotischen Hallenbau mit reich profilierten Pfeilern und Gewölben mit herabhängenden Schlußsteinen sind die großen Maßwerkfenster des schmalen Chors auffallend. Die Vorhalle unter dem Nordturm, früher zeitweise als Tresekammer des Rates benutzt, ist als *Gefallenenkapelle* (3) für 1914/18 eingerichtet, da Liebfrauen bis 1918 Garnisonskirche war. 1960 wurden im Nordschiff mittelalterliche Malereien freigelegt. Von der früher reichen Ausstattung der Kirche ist bis auf die geschnitzte *Kanzel* (4), wahrscheinlich von dem Bremer Schnitzer Gerd Rode von 1709, und ein *Epitaph des Dietrich von Büren* (†1686; 5) nichts mehr vorhanden. Im Kriege wurde die Fensterverglasung zerstört. Ab 1966 haben alle Fenster eine neue *Verglasung* aus der Werkstatt François Lorin in Chartres nach Entwürfen von Alfred Manessier erhalten, wobei die Themen symbolisch durch Farben und Formen dargestellt werden. Das Thema des Ostfensters (6) im Chor ist „Pfingsten", das der beiden Stirnfenster (7) der Seitenschiffe „Weihnachten" und „Predigt", das der Rosette (8) in der Westfassade „Maria und Lob Gottes". Außen links vor dem Westportal steht ein von einem Bürger der Stadt gestiftetes Reiterstandbild des Grafen v. Moltke (1908; Herm. Hahn).

Auf dem Platz vor der Kirche, wo werktags ein Blumenmarkt stattfindet, der *Marcusbrunnen* (1909; H. Hahn).

Stadtbesichtigung 2: Die nordwestliche Altstadt

Gewerbehaus – Stadtwaage – Stephani-Kirche

In nordwestlicher Richtung führt die belebte Obernstraße mit Warenhäusern zur Ansgaritorstraße. An dieser steht das **Gewerbehaus,** das aus den Jahren 1619–21 stammende ehemalige Amtshaus der Gewandschneidergilde, 1944 stark beschädigt. Es wurde 1685 vom Krameramt erworben und ist seit 1861 Sitz der Handwerkskammer. 1950–56 ist es in alter Form mit Doppelgiebel, reichem Renaissancedekor unter Verwendung alter Bauteile wieder aufgebaut worden, wobei der freistehende Südgiebel von einem früheren Haus an der Langenstraße genommen wurde. Besonders prunkvoll ist das figurengeschmückte Hauptportal, das dem Meister Johann Nacke zugeschrieben wird. Davor steht seit 1965 die Ansgarsäule (K. W. v. Borries), die zum 1100. Todestag des Bischofs Ansgar errichtet wurde.

In unmittelbarer Nähe stand bis zu ihrer Zerstörung 1944 die im 13. Jh. erbaute *St.-Ansgarii-Kirche,* deren 103 m hoher Turm als Wahrzeichen die Altstadt überragte. An ihrer Stelle erhebt sich heute ein Kaufhaus. Durch Auslagerung erhalten gebliebene Teile der wertvollen Ausstattung befinden sich in der neuen St.-Ansgarii-Kirche an der Schwachhauser Heerstraße (→ S. 68).

Parallel zur Obernstraße führt vom Markt die schmale Langenstraße in westlicher Richtung zur Bürgermeister-Smidt-Brücke. Von den zahlreichen Altbremer Bürgerbauten, die diese Straße einst zierten, sind einige erhalten und restauriert worden. Vor allem die aus den Jahren 1587/88 stammende, 1943 zerstörte **Stadtwaage** (Haus Nr. 13) wurde 1960 in alter Gestalt, aber mit neuer

Rückfront wieder aufgebaut. Die Südfront, die sich im Untergeschoß zu einer Vorhalle öffnet, besitzt einen sechsgeschossigen Backsteingiebel, der mit Halbrosetten, Voluten, Doppelpilastern, Obelisken und sonstigem Schmuckwerk reich verziert ist. Über dem ersten Geschoß weist eine kleine Waage auf den früheren Zweck des Gebäudes hin. Unmittelbar daneben stand das prächtigste aller Bremer Bürgerhäuser, das im Spätrenaissancestil 1678 vollendete und im Krieg völlig zerstörte *Essighaus*. Das erhalten gebliebene Portal mit seitlichen „Utluchten" ist 1956 in den Neubau eines Bankhauses einbezogen worden.

An der Ecke Martinistraße, einer nach dem Kriege ausgebauten breiten Durchbruchstraße, liegt das Pressehaus des *Weser-Kurier* und der *Bremer Nachrichten*. Jenseits der Martinistraße befindet sich ein Bürgerhaus von 1620–30, dessen viergeschossiger Giebel mit Voluten, Obelisken und Zierfriesen noch ursprünglich und in dessen Innern die originale Kaufmannsdiele mit geschnitzter Treppe erhalten ist. Dagegen ist der ähnlich aussehende Giebel am Geschäftshaus Martinistraße 26 nur historisierend, wenn auch mit älteren Bauteilen, nachgebaut worden. Am Hause Martinistraße 27 wurden 1965 Teile einer Rokokofassade angebracht, die von Theophil Wilhelm Freese 1755 an gleicher Stelle geschaffen, dort 1897 abgebrochen und an ein Haus an der Langenstraße versetzt, nach dessen Zerstörung im Kriege aber wieder an die alte Stelle zurückgebracht wurde. – Die breite Bürgermeister-Smidt-Straße führt zur *Bürgermeister-Smidt-Brücke*. Diese stützt sich auf eine langgestreckte Halbinsel (Teerhof mit dem **Neuen Museum Weserburg** (→ S. 21) und Wohnhäusern), die die Kleine Weser vom Hauptstrom scheidet. Mit 6000 qm Grundfläche ist hier 1991 in vier alten Speicherhäusern eines der größten deutschen Museen für zeitgenössische Kunst entstanden. In den Räumen einer ehemaligen Kaffeerösterei sind rund 350 Kunstwerke aus der Zeit nach 1960 zu sehen, darunter Exponate von Anselm Kiefer, Joseph Beuys und Georg Baselitz. Sämtliche Ausstellungsstücke stammen aus dem Besitz privater Sammler. Hier wurde bundesweit erstmals die Idee eines Sammlungsmuseums realisiert. Am Altstadtufer der Straßenzug Schlachte mit Bürohäusern, die teilweise in alter Art als Giebelhäuser erbaut sind.

In diesem Teil der Altstadt stehen an der Neuen Straße, weithin sichtbar, der 113 m hohe Fernmeldeturm der Bundespost und am Stephanikirchhof die **Stephani-Kirche,** ursprünglich eine romanische, kreuzförmige, dreischiffige Pfeilerbasilika des 12. Jhs., im 14. Jh. zu einer Hallenkirche umgebaut, mit Querhaus, geradem Chor und zwei Türmen, von denen nur der südliche vollendet, der nördliche abgestumpft ist. Im Rahmen einer gründlichen Renovierung 1889–91 wurde der basilikale Zustand wieder hergestellt. Nach der Zerstörung im Zweiten Weltkrieg wurde die Kirche wieder aufgebaut, wobei man auf die Wiederherstellung des südlichen Seitenschiffes verzichtete. Von der inneren Ausstattung sind nur Teile des wertvollen Orgelprospektes und fünf Messingkronen aus der Zeit um 1700 erhalten. Die sechs modernen Glasfenster schuf E. Mitzlaff aus Fischerhude.

Das Altstadtviertel um die Stephani-Kirche war im letzten Krieg zerstört worden und wurde in den fünfziger Jahren mit zwei- und dreigeschossigen Wohnhäusern sowie einem *Seemannsheim* und einem *Seemannsfrauenheim* wieder aufgebaut. Am Weserufer steht das *Jugendgästehaus*.

Stadtbesichtigung 3: Die südliche Altstadt

Böttcherstraße – Martinikirche – Baumwollbörse – Pfarrkirche St. Johann – Schnoorviertel

Im ältesten Teil der Altstadt liegen zwischen Schütting und Weser die Böttcherstraße, die Martinikirche und der Schiffsanleger für Hafenrundfahrten und Weserschiffe.

Die ****Böttcherstraße,** eine schmale Fußgängerpassage von 110 m Länge, ist die sehr eigenwillige Schöpfung des Kaufmanns Dr. h.c. Ludwig Roselius (1874 bis 1943), der den koffeinfreien Kaffee erfunden und 1906 die Handels-AG HAG gegründet hatte. Roselius, der ein Denkmal niederdeutscher Kultur schaffen wollte, erbaute diese Laden- und Museumsgasse 1923–31 mit den Architekten Alfred Runge und Eduard Scotland sowie dem Bildhauer Bernhard Hoetger. In seinem 1932 erschienenen Buch „Reden und Schriften zur Böttcherstraße in Bremen" beschreibt Roselius ihre Entstehungsgeschichte. Beginn war das um 1588 erbaute und von Roselius 1902 gekaufte Haus Nr. 6, das spätere

1 Haus der "Sieben Faulen"
2 Haus St. Petrus
3 Robinson-Crusoe-Haus
4 Paula-Becker-Modersohn-Haus
5 Roseliushaus
6 Haus des Glockenspiels
7 Haus Atlantis

Museum „Roselius-Haus". Die Böttcherstraße gilt als sehenswertes Architektur-Ensemble, das historisierende und avantgardistische Baustile vereint. Der typische Gassencharakter wurde erhalten, die expressionistische Formgebung (Paula-Becker-Modersohn-Haus, Haus Atlantis) setzt Kontraste. Über dem Eingangstor ein großes vergoldetes Bronzerelief von Bernhard Hoetger „Der Lichtbringer" (1936 angebracht). Die 1944 stark zerstörte Straße ist bis 1945 wieder aufgebaut worden. Interessante Läden, Werkstätten, Gaststätten, Museen und eine Spielbank gehören zu den Attraktionen der „heimlichen Hauptstraße Bremens".

Das *Haus der „Sieben Faulen"* (1), ein langer Bau mit zwei Treppengiebeln, hat einen bemerkenswerten Arkadengang. Auf dem Giebel befinden sich die Sandsteinfiguren der „Sieben Faulen" von Alois Röhr aus Münster von 1927.

Das *Haus St. Petrus* (2) enthält u.a. das Restaurant „Flett". Seit 1980 befindet sich hier die Bremer Spielbank mit Roulette und Black Jack.

Das *Robinson-Crusoe-Haus* (3), ein schmales Haus mit Treppengiebel, enthält im Erdgeschoß die „Crusoe-Halle" für Ausstellungen aus Kunsthandwerk und Handwerk. Defoe schreibt, daß Robinson der Sohn eines Bremers namens Kreutzner gewesen sei, der sich dann Crusoe nannte. Im Treppenhaus seine Geschichte auf Holztafeln von Schultz-Walbaum.

Das *Paula-Becker-Modersohn-Haus* (4), ein von Hoetger ganz in expressionistischen Formen mit Kuppelturm errichtetes Haus, ist eines der originellsten Bauwerke der Straße. In der Halle Hoetgers Plastik „Mutter und Kind". Im Erdgeschoß Ladengeschäfte und ein Handwerkerhof, wo Töpfer, Goldschmied und Glasbläser sichtbar hinter Fenstern ihre Arbeit verrichten. Der „Sieben-Faulen-Brunnen" von Hoetger preist nach einem alten Bremer Märchen die Faulheit als Ursprung vieler Erfindungen, eine Lieblingsidee von Roselius, dessen Büste (Hoetger; 1922) hier aufgestellt ist. Im Obergeschoß ständige Ausstellungen von Werken der Malerin Paula Becker-Modersohn (→ S. 37) und von Bernhard Hoetger.

Das 1928 als Museum eröffnete *Roselius-Haus* (5) beherbergt eine Sammlung von Kunstgegenständen des 12.–18. Jhs., die Ludwig Roselius zusammengetragen hat. Präsentiert werden die Schätze in einem Ensemble von Räumen, so daß man Lebens- und Wohnstil Bremer Patrizier nachempfinden kann. Zu besichtigen sind Möbel, Haus- und Küchengeräte, Fayencen, Gläser, Silber sowie eine Anzahl zum Teil sehr wertvoller Holzplastiken und Gemälde.

Hervorzuheben sind eine Beweinungsgruppe und ein Hl. Sebastian aus Lindenholz (Anfang des 16. Jhs.) von Tilman Riemenschneider, Gemälde von Lucas Cranach d. Ä. und Lucas Cranach d. J. (16. Jh.). Seit 1987 hat ein großer Teil des berühmten Silberschatzes der „Compagnie der Schwarzen Häupter aus Riga" (Sitz im Schütting zu Bremen) seinen Platz im Roselius-Haus gefunden. Es führt eine direkte Verbindung zum Paula-Becker-Modersohn-Haus (→ S. 21).

Das *Haus des Glockenspiels* (6) zeigt zwischen zwei Giebeln in einem kupfernen Rankenwerk ein Glockenspiel von 30 Glocken aus Meißner Porzellan, die 16–34 cm groß sind. Sie spielen um 12, 15 und 18 Uhr (nicht bei Frost) die Lieder „Auf Matrosen, die Anker gelichtet", „Über Bremen fiel ein Regen", „Wiegenlied an der Küste" und „Das Weserlied". Dazu treten aus dem Mauerturm links nacheinander zehn von Hoetger geschnitzte Tafeln mit farbigen Reliefbildern berühmter Ozeanbezwinger hervor: 1. Die Wikinger Leif Ericson und Thorfinn Karlsefni (um 1000); 2. Die Seepiraten Diedrich Pining und Hans Pothorst aus Hildesheim (um 1472); 3. Der Entdecker Christoph Columbus (1492); 4. Der Dampfschiffsingenieur Robert Fulton (1819); 5. Der Blockadebrecher Kapitän Paul König (1914/18); 6. Die Ozeanflieger Alcock, Brown und Scott (1919); 7. Charles Lindbergh (1927); 8. Die ersten Ostwestflieger Köhl, v. Hünefeld, Fitzmaurice (1928); 9. Die Luftschiffer Graf Zeppelin und Hugo Eckener (1924); 10. Lobtafel für den Entdeckerdrang. Im danebenliegenden Hoetger-Hof stehen weitere seiner Schöpfungen, u. a. eine Bacchusfigur und ein in Kupfer getriebenes Relief „Aufbäumende Pferde", ferner ein dem Stil Hoetgers angepaßter Brunnen des Bremer Bildhauers Manfred Lohrengel.

Das *Haus Atlantis* (7), von Hoetger 1930/31 erbaut und 1965 von Ewald Materé mit einer neuen Fassade versehen, ist unter Wahrung seiner unter Denkmalschutz stehenden Architektur in das Scandic Crown Hotel einbezogen worden. Das von Hoetger gestaltete Treppenhaus mit einer Wendeltreppe aus Stahlbeton gehört zu den Höhepunkten expressionistischer Bauweise in Europa, ebenso der Himmelssaal im Obergeschoß.

Hinter der Böttcherstraße, jenseits der breiten Martinistraße und unmittelbar an der Weser, liegt die spätgotische **Martinikirche,** die aus dem 13. Jh. stammende Kaufmanns- und Schifferkirche. Ursprünglich eine dreischiffige Basilika mit apsidialen Chorabschlüssen, wurde sie 1376–84 zu einer Hallenkirche umgebaut. Dabei wurden die an der Weser gelegenen, von der Flut gefährdeten Strebepfeiler verstärkt, die Kirche wurde um je ein Joch verlängert und ein neuer polygonaler Chor angebaut. Der bis dahin dreiseitig freistehende, dem Nordschiff vorgelagerte Turm wurde gleichzeitig in die westliche Kirchenflucht einbezogen. Wie bei der Liebfrauenkirche erfolgte auch hier die Eindeckung mit Querdächern, deren vier Giebel mit langgezogenen Blendnischen über den wuchtigen Strebepfeilern und vor dem mächtigen Turm mit achtkantigem Helm besonders eindrucksvoll von der anderen Weserseite in Erscheinung treten. Die westliche Ausweitung des Süd- und Mittelschiffes wurde später vom Kirchenraum abgetrennt und dient heute als Gemeindehaus, ein weiterer Anbau, das *Neanderhaus,* als Organistenwohnung. Der Name erinnert an den Kirchenliederdichter Joachim Neander (17. Jh.). Die 1944 völlig ausgebrannte Kirche wurde 1950–60 wiederhergestellt. Über dem Südportal (13. Jh.) im Tympanon „Christus als Bischof der Seelen" (1). Im Vorraum des Gemeindehauses von 1626 ein Sandsteinrelief „St. Martin in Landsknechttracht unter Bettlern seinen Mantel zerteilend" (2).

Inneres. Der schlichte Raum hat einige wertvolle Ausstattungsstücke, die durch Auslagerung den Krieg überstanden haben, vor allem die *Kanzel* (3) und den farbenprächtigen *Orgelprospekt* (4), beides Arbeiten des Schnitzers Hermen Wulf von 1597 bzw. 1603. Die zur Orgelempore führende geschnitzte *Treppe* von 1610 (5) gehörte früher zur Kanzel. In der Ostwand des Südschiffes ein Portal von 1597 mit dem darüber angebrachten *Epitaph des Bürgermeisters Zobel* (6) von 1598. Die *Chorfenster* (7) entwarf 1959 die Bremer Malerin Elisabeth Steinecke. Ihre Themen sind (v. l.): 1. Schöpfungsgeschichte bis zur Sintflut; 2. alter und neuer Bund Gottes; 3. Weissagungen über das Kommen des Messias; 4. Leben Jesu; 5. Ostern; 6. Pfingsten; 7. Offenbarung des Johannes und Gleichnisse Jesu; 8. Anbetung Gottes. Das große Fenster (8) in der Abschlußwand des Nordschiffes berichtet aus dem Leben des hl. Martin, des Namenspatrones der Kirche, das hohe Fenster (9) im Südschiff zeigt, im Kreise von Kindern an der Orgel spielend, Joachim Neander, den Schöpfer des Chorals „Lobe den Herrn", dessen Melodie dreimal täglich ein *Glockenspiel* im Turm ertönen läßt. Neander war 1679–80 Frühprediger an St. Martin. Die Wappen der Bauherren der Kirche seit

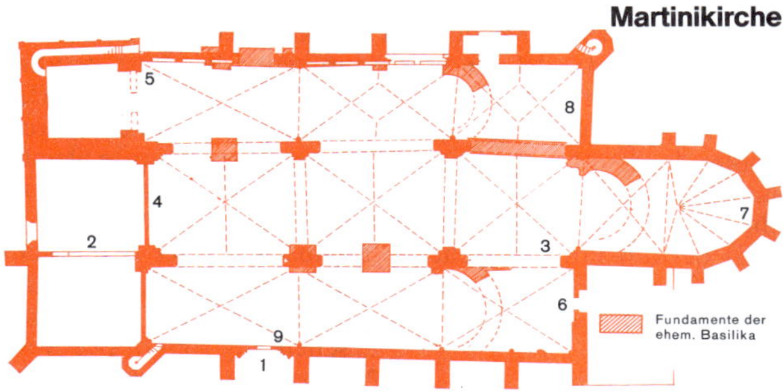

1 Christus-Tympanon (13. Jh.)
2 St. Martinsrelief (1626)
3 Kanzel (1597)
4 Orgelprospekt (1603)
5 Treppe zur Orgel (1610)
6 Epitaph Bgm. Zobel (1598)
7 Chorfenster (1959)
8 St. Martinsfenster
9 Neanderfenster

1376 in den Fenstern der Seitenschiffe sind Worpsweder Arbeit. Das Geläut der Kirche, mit 7 Glocken das größte in Bremen, ist mit dem des Domes abgestimmt, so daß beim gemeinsamen Läuten höchste Klangharmonie erreicht wird.

In der Altstadt östlich vom Dom liegen mehrere öffentliche Gebäude aus der Zeit der Jahrhundertwende, dem Zeitgeschmack entsprechend mit Säulen, Balustraden und anderem ornamentalen Schmuckwerk reich verziert, u. a. an der Domsheide das *Gerichtshaus* (1895) mit gegenüberliegendem Neubau und die restaurierte *Hauptpost* (1879). – An der Ostertorstraße, Ecke Am Wall, das *Polizeihaus* (1908), mit hohem Portalbau ein Eckpfeiler der Altstadt gegen die Wallanlagen, und Ecke Wacht- und Marktstraße die in Sandstein aufgeführte **Baumwollbörse** (1896), deren einst pompöser Eckturm (Bild im unteren Flur) im Kriege zerstört und durch einen abgestumpften ersetzt wurde. Von der alten neugotischen *Börse* steht noch der rückwärtige Teil. Hübscher Blick von der Marktstraße über die Bogen des Börsendurchgangs hinweg auf die Domtürme und von der Wachtstraße durch die schmale Gasse „Hinter dem Schütting" auf das spitzgiebelige Haus „Spitzen Gebel" (Gaststätte). Die früher in Verlängerung der Wachtstraße über die Weser führende eiserne Brücke wurde 1968 durch eine moderne in Stahlbeton, die einstige Große Weserbrücke, 1980 in *Wilhelm-Kaisen-Brücke* umbenannt, im Zuge der breit ausgebauten Balgebrückstraße ersetzt. Oberhalb dieser befinden sich die St.-Johannis-Kirche und das Schnoorviertel.

Die kath. **Pfarrkirche St. Johann,** eine dreischiffige gewölbte Hallenkirche der Franziskaner mit siebenseitigem Chor, stammt aus der Zeit um 1350. Sie ist die einzige Kirche Bremens, die sich, im Stil reinster Hochgotik erbaut, unverfälscht und ohne spätere Zutaten bis in unsere Zeit erhalten hat. Bemerkenswert ist der mächtige, mit Blenden geschmückte Westgiebel aus Backstein, der von zwei Treppentürmen flankiert wird. Über dem Langhaus ein zierlicher Dachreiter. Die Ausstattung des Innern ist neuzeitlich.

Das ***Schnoorviertel,** ursprünglich Wohngebiet der südöstlichen Altstadt hinter der St.-Johannis-Kirche, enthält in seinen engen Straßen mit z. T. seltsamen Namen wie Marterburg, Wüstestätte, Spiekerbartstraße noch eine Anzahl alter Bürger- und Handwerkerhäuser aus dem 16. bis 19. Jh., die, wie auf einer Schnur aufgereiht („Schnoor"), erhalten blieben und liebevoll wieder instandgesetzt sind. Ein besonderes Ortsstatut sorgt dafür, daß alle Bauten sich dem Gesamtbild anpassen. In dem idyllisch anmutenden Viertel befinden sich außer Wohnungen für Künstler, Kunsthandwerker und Gewerbetreibende Antiquitätenläden, Gaststätten und kleine Galerien sowie der Bremer Presse-Club. Kurioses: Im Schnoor gibt es auch ein Atelier für Hundemoden. – Die Fassade am *Amtsfischerhaus,* Schnoor Nr. 31, ist die des gleichnamigen Hauses von 1759, das im letzten Krieg in der westlichen Altstadt zerstört wurde. Gaststätten: Amtsfischerhaus und Katzencafé mit Sitzen im Freien. Schnoor 41 *Das Plattdütsche Kring,* Sitz des 1973 gegründeten Instituts für Niederdeutsche Sprache. Im Hause Schnoor 14 eine *Drehorgel-Sammlung* mit Verleih sowie Verkauf von Drehorgel-Schallplatten. Am Stavendamm das *Schifferhaus* (Zugang durch Anmeldung im Schnoor-Archiv, Tel. 32 42 74).

An einem Hause der nahegelegenen Süsterstraße hat man zwei Wappen bremischer Ratsherren von 1615 angebracht. Ecke Spiekerbartstraße die *Georg-Droste-Gedenkstätte.* Die Jungenfigur im Netz der Schicksalsfäden (1963; Klaus Homfeld) über dem Brunnen stellt „Ottjen Alldag" dar, eine Romanfigur von Georg Droste (1866–1973).

Stadtbesichtigung 4: Die Wallanlagen

Kunsthalle – Gerhard-Marcks-Haus – Ostertorviertel – Contrescarpe

Die Altstadt wird nach der Landseite hin zwischen Osterdeich und Stephanibrücke durch die ***Wallanlagen** begrenzt. Die hier 1602–04 mit Bastionen und Gräben angelegten Festungswälle wurden seit 1803 von dem Gartenbaumeister Altmann in Promenaden umgewandelt. Den vollständig erhaltenen Stadtgraben begleitet im Norden die seinen Windungen folgende Contrescarpe, im Süden die diese Windungen abschneidende breite Straße Am Wall. Zwischen dieser und dem Stadtgraben ziehen sich die gepflegten Anlagen hin. Fünf Übergänge überqueren den Graben. Die einstigen Stadttore (Oster-, Bischofs-, Herden-, Ansgarii- und Doventor), deren Namen in anderen Straßen wiederkehren, sind verschwunden.

Auf der Altmannshöhe am Südostende der Wallanlagen steht das eindrucksvolle *Ehrenmal der Stadt Bremen* für die Gefallenen des Ersten Weltkrieges von Prof. Gorsemann (1934), ein Rundbau aus Backstein von 40 Schritt Durchmesser. Ein Gedenkstein im offenen Innenhof trägt die Inschrift: „10000 Männer und Jungen zogen aus dieser Stadt in Krieg und Tod.“ Jeder Backstein trägt in alphabetischer Reihenfolge den Namen eines Gefallenen. Eine Steinplatte gedenkt der unbekannten Gefallenen, deren Urkunden verbrannten. Rechts vom Eingang eine Tafel mit Namen von 24 Freikorpskämpfern, die in Straßenkämpfen im Februar 1919 den Tod fanden. Vor dem Eingang die Skulptur Mutter und Kind (1936; E. Gorsemann). Ein kleineres Mahnmal etwas unterhalb am Osterdeich, Männer darstellend, die eine schwere Platte tragen, erinnert an 153 284 deutsche Frontkämpfer, die 1914–18 in Kriegsgefangenschaft starben (1934; H. Kubicka).

Die ***Kunsthalle** Bremen (→ S. 21), in den Wallanlagen am Ostertor gelegen und bis Herbst 1998 wegen Sanierungsarbeiten geschlossen, enthält Kunstwerke vom 15. bis zum 20. Jh., wobei der Schwerpunkt auf der französischen und deutschen Malerei des 19. und 20. Jhs. liegt. Außerdem besitzt sie neben einer großen kunsthistorischen Bibliothek mit rd. 50 000 Bänden eines der umfangreichsten *Kupferstichkabinette* in Europa (rd. 230 000 Blatt, darunter fast das gesamte druckgraphische Werk von Albrecht Dürer) und sammelt Bildhauerwerke vom 17. bis zum 20. Jh. Getragen wird das Institut vom Bremer Kunstverein, der, 1823 gegründet, einer der ältesten in Deutschland ist. Private Spenden und Vermächtnisse bilden neben städtischen Zuwendungen die Voraussetzung für die Tätigkeit des

Museums, das seine Entstehung bürgerlichem Kunstsinn und beispielhaftem Mäzenatentum verdankt. 1849 wurde die erste Kunsthalle in Bremen eröffnet. Die außerordentliche Spendenfreudigkeit einiger bremischer Kunstfreunde ermöglichte den heutigen Bau, der nach Plänen der Architekten Eduard Gildemeister und Albert Dunkel 1899–1904 in spätklassizistischem Stil erbaut wurde. Seit der Jahrhundertwende wandte sich die Sammeltätigkeit der Kunsthalle unter ihrem ersten Direktor Gustav Pauli (1899–1914) vornehmlich dem Schaffen der großen Maler des 19. Jhs. zu, wobei Emil Waldmann von 1914–45 diese Sammeltätigkeit mit Erfolg fortführte. Im Zweiten Weltkrieg mußte die Kunsthalle schwere Verluste hinnehmen. Während des Krieges hatte das Museum kostbare Bestände in das brandenburgische Schloß Karnzow ausgelagert. Rotarmisten fanden dort 1945 Hunderte von Kunstwerken, darunter Pretiosen von Dürer, van Gogh, Rembrandt und Rubens. In zähen Verhandlungen wird derzeit um die Rückführung der Beutekunst gekämpft. Einzelwerke tauchen immer wieder auf dem Schwarzmarkt auf. – Neben kleineren Werkgruppen der altdeutschen, altniederländischen und frühen italienischen Malerei zeigt die Sammlung heute schwerpunktmäßig niederländische Malerei des 17. Jhs. sowie französische, italienische und süddeutsche Malerei des 18. Jhs. Mit besonders herausragenden Werken sind Paula Becker-Modersohn und Max Beckmann vertreten. Höhepunkte der grafischen Sammlung, in der sich Besucher alle Blätter vorlegen lassen können, sind deutsche und französische Zeichnungen und Druckgrafik des 19. Jhs. sowie das druckgrafische Werk von Ernst Barlach und Pablo Picasso. Einen besonderen Schwerpunkt bildet die Sammlung europäischer illustrierter Bücher.

1982 wurde der Erweiterungsbau der Kunsthalle eingeweiht (Architekt: Werner Düttmann, Berlin) mit Räumen für Wechselausstellungen, Büroräumen, Vortragssaal, Cafeteria und Magazin. Dadurch war eine vollständige Neugliederung des Hauses möglich.

Werke **Älterer Meister:** Masolino, *Madonna mit Kind; Ubertini, Johannes in der Wüste; Utili, Madonna mit Heiligen; Dürer, *Der hl. Onuphrius; Meister d. Bartholomäus-Altares, Schmerzensmann; Altdorfer, *Christi Geburt; Cranach d. Ä., Quellnymphe; Coecke von Aelst, Anbetung der Hirten; Hemessen, Judith; Lastmann, Konstantinschlacht; Rembrandt, *Herrenbildnis; Lievens, Der Apostel Paulus; Eckhout, Simson und Delila; Goyen, *Flußlandschaft; van Dyck, Bildnis des Kurfürsten Wilhelm Wolfgang von der Pfalz; Rubens/J. Brueghel, Christus als Gärtner; Liss, Der Zahnarzt; Vouet, Die hl. Familie; Largillière, *Selbstbildnis mit Familie; Solimena, Mariae Himmelfahrt, Madonna in der Glorie; Ricci, Joseph empfängt seine Brüder, Raub der Dina; G. Tiepolo, *Die Verherrlichung der Hl. Faustinus, Jovita, Benedikt und Scholastika; D. Tiepolo, Der Hauptmann von Kapernaum; Piazetta,*Susanna und die beiden Alten; Zick, Die Fesselung Christi; Longhi, Porträt einer Venezianerin; Maulpertsch, Himmelfahrt Mariae, Der hl. Nepomuk.

Kunsthalle Bremen

ERDGESCHOSS

1 Die Worpsweder
2-8 Wechselausstellungen
9/10 Skulpturensaal
11 "Der Blaue Reiter"
12 "Die Brücke"- Max Beckmann
13 Kunst der zwanziger Jahre
14 Kunst des Konstruktivismus
15 Kupferstichkabinett
16 Mitmach- Museum

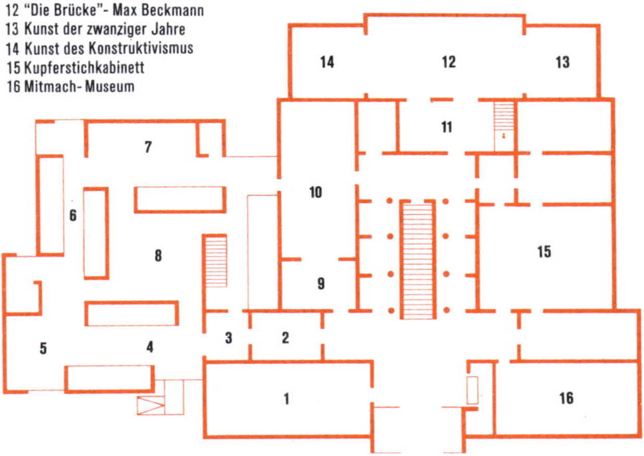

OBERGESCHOSS

1 Deutsche Kunst der Dürer-Zeit
2 Holländische Malerei des 17. Jahrhunderts
3 Lovis Corinth
4 Sezession–Max Liebermann, Max Slevogt
5 Der Leibl-Kreis – Hans Thoma
6 Akademien–Die Deutschrömer
7 Früher Realismus–Landschaftsstudien
8 Früher Realismus und Biedermeier
9 Deutsche Romantiker und Nazarener
10 Kunst der Goethe-Zeit
11 Französ. Malerei des 19. Jhs.–Eugène Delacroix
12 Die Maler von Barbizon
13,14 Französ. Malerei des Impressionismus
15 Die Nabis
16 Französ. Ölstudien des 19.Jhs.
17 Malerei des 18. Jahrhunderts
18 Malerei des 17. und frühen 18. Jhs.
19 Flämische Malerei des 17.Jhs.
20 Flämische und deutsche Malerei des 16.Jahrhunderts
21 Ital. Malerei des 16. und 17. Jhs.
22 Ital. Malerei des 14. bis 16. Jhs.
23 Französ. Kunst d. Revolutionszeit
A Paula Modersohn-Becker

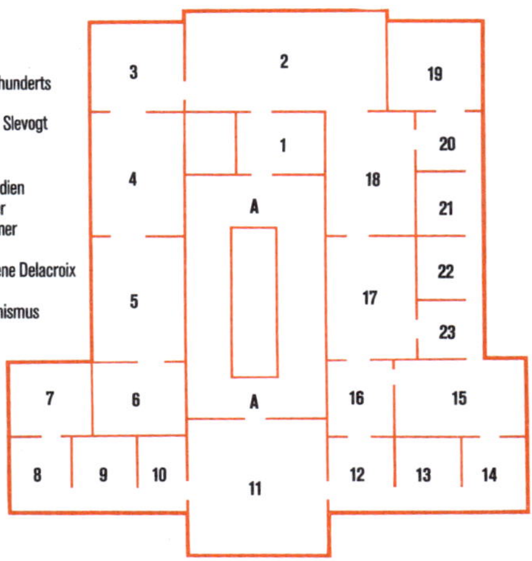

Werke **Neuerer Meister:** Friedrich, *Das Grab des Arminius; Carus, Hünengrab; Overbeck, Die Findung Mosis; Schnoor v. Carolsfeld, Sechskampf; Blechen, Der gesprengte Turm des Schlosses zu Heidelberg; Richter, Die Rast der Pilger; Waldmüller, Der Gosausee; Menzel, *Der Spaziergang im Garten; Rayski, Bildnis Graf Einsiedel; Marées, *Abendliche Waldszene, Selbstbildnis; Feuerbach, Der Mandolinenspieler; Böcklin, Der Abenteurer; Thoma, Schwarzwaldlandschaft, Der Rheinfall; Trübner, Damenbildnis, Treppe im Heidelberger Schloß; Leibl, Bildnis E. Seeger; Mackensen, Der Säugling; Modersohn, Worpsweder Bauernmädchen, Sommer am Moorkanal, Am Ende, Frühlingstag; Vogeler, Erster Sommer; Liebermann, Die Kuhhirtin, Dünenpromenade, *Papageienallee, Garten in Wannsee; Corinth, Weiblicher Akt, Bildnis Peter Hille, Die Kindheit des Zeus, *Bildnis Bernt Grönvold; Slevogt, Bildnis Conrad Ansorge, Landhaus in Godramstein, Fernando Cortez vor Montezuma; Munch, *Die tote Mutter; Modersohn-Becker, Stehender Akt, Selbstbildnis, *Bildnis Prof. Sombart, Worpsweder Bauernkind, Stilleben mit Krug; Beckmann, Die Angeklagten, Selbstbildnis mit Saxophon, *Apachentanz; Kokoschka, Portrait Ernst Blass; Schmidt-Rottluff, Das rote Haus; Kirchner, Schlafende Milli; Nolde, Herbstwolken; Marc, Reh im Blumengarten; Macke, *Russisches Ballet; Klee, Wintertag kurz vor Mittag; Baumeister, Komposition; Antes, Florentiner Paar; Tapiés, X und zwei Kreuze; Wagemaker, Steinerne Tafeln; Dine, Collage.
Laneuville, *Bildnis Barrére de Vieuzac; Hubert, Garten der Monumente; Delacroix, König Rodrigo, Der Tod des Valentin, Blumenstilleben, Löwenjagd; Géricault, Mariae Himmelfahrt; Devéria, Herrenbildnis; Vernet, Mazeppa; Courbet, Blumenstilleben; Daubigny, Landschaft bei Pontoise; Dupré, Küstenlandschaft; Carpeaux, Volksaufstand; Manet, *Portrait Z. Astruc; Monet, *Camille; Sisley, Baumallee; Pissarro, Landschaft mit pflügendem Bauern, Märzsonne; Gonzales, Erwachendes Mädchen; Renoir, Früchtestilleben, Cagnes; Degas, Drei Tänzerinnen; Toulouse-Lautrec, Mädchenbildnis; van Gogh, *Mohnfeld; Cézanne, *Südfranzösische Landschaft; Bernard, Die blaue Kaffeekanne; Anquetin, *Der Windstoß auf der Seinebrücke; Lacombe, Die Opfergabe; Bonnard, Dame mit Katze; Vuillard, Wandbildentwurf; Denis, Mädchen mit Puppe; Vlaminck, Seinelandschaft; Masson, Stilleben mit Torso und Kerze, Nach der Exekution; Picasso, *Sylvette, Selbstbildnis; Millet, Der ungläubige Thomas.

Plastische Werke: Barye, Löwe im Kampf mit der Schlange; Claudel, Jünglingskopf; Carpeaux, Susanna; Dalou, Sitzende Frau nach dem Bade; Daumier, Flüchtlinge; Falgiére, Diana; Degas, Gehende Tänzerin; Renoir, Mutter mit Kind; Rodin, Das eherne Zeitalter, Pomona, Der Traum des Bildhauers, *Johannes der Täufer; Bonnard, Sitzender weiblicher Akt am Felsen; Maillol, Venus; Beaudin, Tanzgruppe; Canova, *Psyche, Herkules und Lichas; Schadow, *Büste Frau von Reibnitz; v. Hildebrand, Liebespaar; Volkmann, Weibliche Figur; Klinger, Badendes Mädchen; Stuck, Amazone; Tuaillon, Amazone; Gauguin, Maske einer Tahitianerin; Hahn, Der junge Reiter; Kolbe, Assunta, Javanisches Mädchen; Barlach, *Schäfer im Sturm (s. Zeichnung), Der Blinde trägt den Lahmen; Beckmann, Der Mann im Dunkel; Rilke-Westhoff, Bildnis H. Vogeler; Marcks, Tänzerin; Marini, Portrait Henry Miller, Pferd und Reiter; Seitz, *Marina, Sitzendes Mädchen, dazu eine große Sammlung von Entwürfen und Kleinplastik; Uhlmann, Stahlplastik; Wimmer, Großes Pferd.

Die *Ostertorwache* besteht aus zwei klassizistischen Gebäuden mit Säulenvorhalle und Dreiecksgiebel, die 1826–28 von F. M. Stamm erbaut wurden. Das südliche dient seit 1971 als **Gerhard-Marcks-Haus** (Öffnungszeiten → S. 20) einer Ausstellung von Werken des Bildhauers und Grafikers Gerhard Marcks (*1889, †1981), die dieser der Stadt Bremen als unveräußerliche Stiftung überlassen hat. Es handelt sich dabei um 200 Plastiken und 5000 Skizzen, Holzschnitte, Aquarelle und illustrierte Bücher. Das Museum veranstaltet wechselnde Ausstellungen bildhauerischer Werke. – Die bekannteste Freiplastik von Marcks ist „Die Bremer Stadtmusikanten“ (1952) neben dem Rathaus. – Das gegenüberliegende und in gleicher Architektur erbaute ehemalige „Detentionshaus“ ist heute Gefangenenverwahranstalt. Hier wird das „Wilhelm Wagenfeld Haus”/ Zentrum für Produktgestaltung entstehen, das Werke des berühmten Bremer Designers archiviert und Ausstellungen organisiert. Unweit östlich liegt das *Theater am Goetheplatz,* das auf das 1913 erbaute Bremer Schauspielhaus zurückgeht.

Östlich der Altstadt, jenseits der Wallanlagen, liegt das **Ostertorviertel.** Mit seinen sorgfältig restaurierten Fassaden ist es eines der ältesten erhaltenen Wohnquartiere, das seinen Vorstadtcharakter bewahrt hat. Besonders alternative Jugendliche und Nachtschwärmer werden in dem Viertel um Ostertorsteinweg, Sielwall und Contrescarpe, das den Ruf eines „Szene“-Treffs genießt, auf ihre Kosten kommen. – Im Ostertorsteinweg viele Gaststätten und ein denkmalgeschützter Lebensmittelladen aus der Zeit um die Jahrhundertwende. An der Straße Beim Steinernen Kreuz zwischen den Häusern Nr. 10 und 12 ein 1435 errichtetes Sühnekreuz, das an die Enthauptung des Bürgermeisters Johann Vasmer erinnert. Nicht weit davon die Gasse Auf den Höfen mit fast südländisch anmutender Hinterhof-Atmosphäre: Kleine Läden, Kneipen und Restaurants reihen sich aneinander. Die Mathildenstraße im nördlichen Teil des Viertels stellt ein hervorragend erhaltenes Beispiel bürgerlicher Wohnkultur des späten 19. Jhs. (das typische „Bremer Haus“ mit Wintergarten und Souterrain) dar. Dahinter die östliche Vorstadt, ein älteres Wohnviertel mit dem Zentralkrankenhaus St.-Jürgen-Straße.

Lohnend ist ein Spaziergang auf dem Osterdeich von den Wallanlagen längs der Weser zum 1,5 km entfernten Weserstadion; am Osterdeich 69a das Café Ambiente. Weiter über den *Peterswerder* (2,8 km) mit Sport- und Spielplätzen, Rollschuhstadion und Schwimmzentrum zu den Wehranlagen in Hastedt. Vom Osterdeich aus kann man per Fähre zur Neustadt übersetzen (Abfahrt: Sielwall).

In den Anlagen nördlich vom Ostertor erinnert das *Olbers-Denkmal* aus weißem Marmor (C. Steinhäuser; 1850) an den Arzt und Astronomen H.W.M. Olbers. In Nähe des Präsident-Kennedy-Platzes, wo sich das Staatsarchiv befindet, führt ein Weg an einem kleinen Wachhaus des ehem. Bischofstors vorbei über den Stadtgraben, dort steht in den Anlagen die 1902 von Tuaillon geschaffene Bronzegruppe *Rosselenker*. Contrescarpe 22/24, ein großes klassizistisches Gebäude mit Säulenvorbau, ist Sitz des *Senators für Inneres*. Etwas weiter, Ecke Richtweg, das „Haus des Reichs", ein breit gelagerter, monumentaler Bau, 1928–29 von H. und E. Gildemeister für den Nordwollekonzern errichtet, heute Sitz des *Senators für Finanzen* und der *Oberfinanzdirektion*. Die Reliefs auf der großen *Marmorvase* beim Herdentor von C. Steinhäuser (1856) stellen ein früheres Bremer Volksfest, den „Klosterochsenumzug", dar. Jenseits des Herdentors steht auf einer Anhöhe, weithin sichtbar, die *Wallmühle,* heute ein Wahrzeichen Bremens. In ihrer Nähe eine bronzene *Rehgruppe* als Brunnenplastik von Prof. Gorsemann. Ein weiteres klassizistisches Torwachgebäude hat sich am Ansgaritor erhalten.

Stadtbesichtigung 5: Die Bahnhofsvorstadt

Übersee-Museum – St.-Michaelis-Kirche – Stadthalle

Nördlich der Altstadt liegt die Bahnhofsvorstadt und darin als wichtigster Verkehrsmittelpunkt, vom Markt über Sögestraße-Herdentor-Bahnhofstraße zu erreichen, der Bahnhofsplatz (Fußgängerzone bis zum Hillmannplatz mit Hillmann-Center). Um ihn liegen der 1885–89 erbaute und unter Denkmalschutz stehende Hauptbahnhof, der Zentral-Omnibusbahnhof (ZOB), das Übersee-Museum, das Postamt 5 (Fassade von 1926, erweiterter Neubau 1987–90), der Pavillon des Verkehrsvereins sowie das Columbus-Center, mehrere Hotels und Hochhäuser (Tivoli, Siemenshochhaus).

Das ***Übersee-Museum** gehört zu den meistbesuchten Museen in der Bundesrepublik Deutschland (Öffnungszeiten → S. 21). Es vereinigt unter einem Dach natur-, völker- und handelskundliche Sammlungen. Seine Anfänge lassen sich bis zum Beginn des 18. Jhs.

verfolgen: Keimzelle war die 1783 gegründete „Gesellschaft Museum“, von der die vorwiegend naturkundlichen Sammlungen betreut wurden. Hinzu kamen 1864 der „Naturwissenschaftliche Verein“ und 1872 die „Anthropologische Kommission“ mit eigenen Sammlungen, die alle zwischen 1875 und 1878 dem Senat übergeben wurden. Entscheidend für den Bau des Museums war die Handelsausstellung von 1890, in der die Bremer Kaufmannschaft zeigte, wie und mit wem sie in Übersee Handel trieb. Aufgrund des großen Erfolges wurde ein Verein zum Bau eines Museums gegründet, der zusammen mit der Handelskammer, der Sparkasse und dem Senat die notwendigen Mittel aufbrachte. 1896 wurde der erste Lichthof des „Städtischen Museums für Natur-, Völker- und Handelskunde“ eröffnet, dem 1911 der zweite folgte. Gestützt auf Spenden Bremer Kaufleute, auf freie Passage und freie Beförderung durch den Norddeutschen Lloyd sorgte vor allem der erste Direktor, Professor Hugo Schauinsland, auf zahlreichen und ausgedehnten Sammel- und Forschungsreisen in den asiatisch-pazifischen Raum für die kontinuierliche Erweiterung der Bestände. Den Namen Übersee-Museum erhielt das Haus 1951.

Die Vielfältigkeit und Verknüpfung von Natur und Kultur auf der Erde als „einheitliches Ganzes“, als „musealen Kosmos“ unter einem Dach zu zeigen, war die Leitidee bei der Konzeption von Ausstellungen. Dabei sollte das Museum nicht nur der Wissenschaft dienen, sondern vor allem auch ein Volksbildungsinstitut sein. Symbol dafür wurden die natur- und völkerkundlichen Diaramen („Lebensgemeinschaften“) und Schaugruppen sowie die Großobjekte, Palmen und Grünpflanzen in den Lichthöfen, welche die typische exotische Atmosphäre innerhalb der Ausstellungsräume bewirkten. Diese wird auch in den neukonzipierten Ausstellungen eingefangen, die im Gefolge der Renovierung und Erweiterung der Ausstellungsflächen Mitte der siebziger Jahre (Wiedereröffnung des Museums: 1979) aufgebaut wurden. Seitdem werden die einzelnen Fachdisziplinen nicht mehr getrennt voneinander, sondern integriert dargestellt: gegliedert sind die Dauerausstellungen nun nach Kontinenten bzw. Großräumen: Südsee, Asien, Afrika, Amerika und Bremen/Unterweser. Das Museum informiert über Geschichte und Gegenwart der Länder und Kulturen in Übersee, zeigt die ökologischen Bedingungen und gegenseitigen Abhängigkeiten von Natur und Mensch und stellt die Verflechtungen zwischen diesen Ländern der sogenannten Dritten Welt und den Industrienationen dar. Theater, Film- und Musikveranstaltungen, Vorträge, Diskussionen, Workshops etc. gehören zum Angebot.

Erdgeschoß: **Südsee und Asien.** Im ersten Lichthof ein Südsee-Dorf mit Häusern, Booten, Masken und Kunstwerken aus verschiedenen Regionen Papua-Neuguineas und der umliegenden Inselgruppen. In den Galerien: Geschichte der Südseevölker; gegenwärtige kulturelle, soziale und wirtschaftliche Situation von Papua-Neuguinea und seiner Nachbargebiete; Fauna und Flora Neuguineas und Südostasiens; Australien; Kunst der Südsee. – Zweiter Lichthof mit Japan-Garten und Shinto-Schrein, Gamelan-Orchester aus Java (Indonesien), Tempel aus Burma und Mamaji-Schrein aus Rajasthan (Indien). In den Galerien: Indonesien, Indien, Himalaja; Japan und Korea; Schamanen in Asien; naturkundliches Diorama Arktis/Tundra/Taiga/Steppe/Wüste; Mongolei, China. – Aquarium und Terrarium sind in Vorbereitung.

I. Obergeschoß: Sonderausstellungsraum: wechselnde Ausstellungen zu Themen der Kunst, Kultur, Wirtschaft, Politik und Ökologie. – **Afrika:** Altägypten, Sahara, Sahel (Schwerpunkt auf Mali); afrikanische Kunst. In Vorbereitung: Östliches und Südliches Afrika. – **Amerika:** Nordamerika (Inuit, Huronen, Naskapi, Nordwestküste und Prärie); Mexiko; Karibik (Rastafari-Kultur auf Jamaika). In Vorbereitung: Südliches Amerika mit andinen, präkolumbischen Kulturen und Amazonien-Regenwald.

II. Obergeschoß: **Bremen und der Unterweser-Raum:** wirtschaftliche Entwicklung und Bedeutung Bremens, seine geographische bzw. ökologische Situation in Vergangenheit und Gegenwart (Hafenmodell, Schiffsmodelle); charakteristische Import- und Exportgüter; Ökologie des Waldes; „Bremen-Unterweser – eine Region im Wandel“; „Evolution – Bausteine und Geschichte der Natur“.

Wenige Schritte südwestlich vom Übersee-Museum, Breitenweg 27, steht das Gebäude der ehem. Staatsbibliothek (heute das baufällige und chemieverseuchte Museumsmagazin). Hier sollen ein neuer Magazinbau und ein Kinozentrum entstehen. Der heftig umstrittene Breitenweg überquert als Hochstraße unmittelbar südlich vom Bahnhofsplatz kreuzungsfrei die in die Innenstadt führenden Straßen.

Interessant wegen ihrer unkonventionellen Bauweise ist die **St.-Michaelis-Kirche** (1966; J. Blanckenhorn und G. Müller) am Doventorsteinweg in der westlichen Bahnhofsvorstadt. Zwei dreieckige Dächer bilden über dem Kirchenschiff ein 25 m hohes Zeltdach, das mit seinen schrägen Traufen vorne fast den Boden berührt. Stimmungsvoller hoher Innenraum, eindrucksvolles, über dem Altar schwebendes Kreuz (U. Conrad, Worpswede).

Vom Bahnhofsplatz gelangt man durch den Nordausgang oder eine Unterführung (Lloyd-Tunnel) unter den Gleisanlagen der Bundesbahn nordöstlich zum Stadtteil Schwachhausen, einer vornehmen Wohngegend.

Unweit jenseits der Unterführung steht in einer Parkanlage ein aus Klinkern gemauerter, 10 m hoher Elefant von Fritz Behn, der 1932

für die im Ersten Weltkrieg gefallenen Teilnehmer der Kolonialkriege errichtet wurde und heute – nach der Restaurierung – als Mahnmal gegen den Kolonialismus gilt.

Etwas weiter das bronzene *Reiterstandbild Kaiser Friedrichs III.* von Tuaillon (1905), der Kaiser in antiker Imperatorentracht.

Die **Stadthalle** an der Gustav-Deetjen-Allee wurde 1964 von den Architekten Säume und Reiner erbaut. Auffallend die schiffsbugartig sechsfach aus der Gebäudefront herausragende Tragkonstruktion des Daches. Es finden hier Sechstagerennen, Reit- und Springturniere, Kongresse und Messen, Modeschauen und Musikveranstaltungen statt. Im Erdgeschoß ein Restaurant, vor dem Gebäude rd. 1000 Parkplätze. 1992 hat Thomas Klumpp das **Congress Centrum** danebengesetzt. Dabei hat der Bremer Architekt dunkle Glasflächen mit Elementen wie den rosafarbigen Säulenportikus gemischt. Seit 1995 verbindet das akustische Kunstwerk „Der Klangbogen" von Rolf Julius das 123 Mio. teure Tagungszentrum mit dem neuen Einkaufszentrum „Passage Bürgerweide". – An der Ecke Schlachthof-/Findorffstraße das Kulturzentrum Schlachthof. Nördlich davon das 1978 gegründete **Bremer Rundfunkmuseum** (Öffnungszeiten → S. 21). Gezeigt werden Stücke quer durch die Geschichte des Rundfunks, darunter Detektoren, Volksemfänger und ein Schallplattenschneidegerät von 1927. Das Museum dokumentiert, wie sich Bild- und Tonaufzeichnungen bzw. -wiedergabe seit den dreißiger Jahren entwickelt haben. – Wenige Schritte weiter beginnt der Bürgerpark (→ S. 68).

Stadtbesichtigung 6: Die Häfen

Die bremischen Häfen treten überall in der Welt als eine Einheit auf und werden auch von den Bremern so verstanden. Sie bilden jedoch zwei große Hafengruppen: Bremen-Stadt und Bremerhaven (→ S. 114). Die stadtbremischen Häfen sind 2540 ha groß, die in Bremerhaven 697 ha. Beide Hafengruppen zusammen verfügen über 32 km Kajenlänge.

Drei große stadtbremische Häfen liegen im Zollausland, die sogenannten Freihäfen, die es seit 1888 – mit dem Anschluß Bremens an den Deutschen Zollverein – gibt. Es sind der Übersee- und der Europahafen auf dem rechten Weserufer, der Neustädter Hafen auf dem linken Weserufer.

Der Europa- und der Neustädter Hafen verfügen neben jeweils einer Ro-Ro-Anlage (Roll-on/Roll-off) über Container bzw. Platzverladebrücken mit bis zu 80 t Tragkraft, der Überseehafen hat ein Kühlhaus mit 23 000 m³ Fassungsvermögen.

Gegenüber der Einfahrt zu dem Neustädter Hafen liegt – bereits im Zollinland – die Kap-Horn-Anlage mit einer 725 m langen Kaje, 12 000 qm Schuppen- und 25 000 qm Freifläche. Die Platzverladebrücke schafft 35 t. Im Zollinland liegen außerdem der **Industrie-** und der **Handelshafen** mit sieben Hafenbecken, zwölf Kränen, die bis zu 45 t heben, 20 Verladebrücken (bis 45 t), vier Schüttgutverladebrücken, einer Kippverladebrücke (60 t) und vier Öllöschbrücken; der Holz- und Fabrikenhafen mit 1,2 km Kajenlänge, 17 Kränen und einer Verladebrücke; der Getreidehafen mit zwei mechanischen und einem pneumatischen Fördergerät, einer Speicherkapazität von 150 000 t Schwergetreide und einer maximalen Wassertiefe von 11,5 m.

Es gibt darüber hinaus einen ehemaligen Werfthafen, den Hohentorshafen und den Weserbahnhof mit der 500 m langen Weserkaje, mit zwei 3-t-Kränen und einer maximalen Wassertiefe von 5,2 m. Der Sammelgut-Verteilerschuppen (19 000 qm) ist mit sechs Gleisen und mit Rampen für Lastkraftwagen ausgestattet.

Der weiter weserabwärts liegende **Mittelsbürener** und **Klöckner Hafen** hat eine maximale Wassertiefe von 11,5 m. Er verfügt über Schiffsliegeplätze an einer 200 m langen Brücke, über eine Tankerlöschstelle und Dalben. Eine Erzlöschanlage ist geplant.

Besondere Bedeutung erhalten die bremischen Häfen unter anderem durch das nahe gelegene Güterverkehrszentrum und den direkten Bahnanschluß. Innerhalb der stadtbremischen Häfen liegen 315 km Gleise. Zusammen mit denen in Bremerhaven sind es rund 450 km. Sie entsprechen ungefähr der Eisenbahnstrecke von Bremen nach Würzburg.

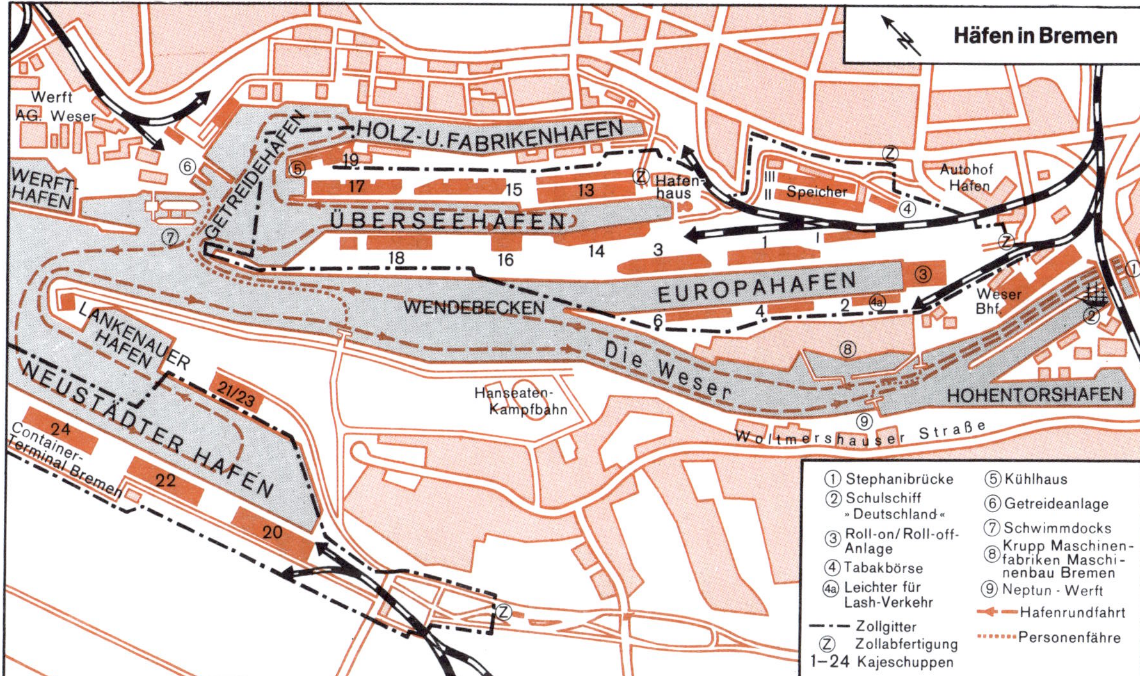
Häfen in Bremen
Werft AG. Weser
WERFT-HAFEN
GETREIDEHAFEN
HOLZ-U. FABRIKENHAFEN
ÜBERSEEHAFEN
EUROPAHAFEN
WENDEBECKEN
LANKENAUER HAFEN
NEUSTÄDTER HAFEN
HOHENTORSHAFEN
Die Weser
Hafenhaus
Speicher
Autohof Hafen
Weser Bhf.
Hanseaten-Kampfbahn
Container-Terminal Bremen
Woltmershauser Straße
① Stephanibrücke
② Schulschiff »Deutschland«
③ Roll-on/Roll-off-Anlage
④ Tabakbörse
④a Leichter für Lash-Verkehr
⑤ Kühlhaus
⑥ Getreideanlage
⑦ Schwimmdocks
⑧ Krupp Maschinenfabriken Maschinenbau Bremen
⑨ Neptun - Werft
Hafenrundfahrt
Personenfähre
Zollgitter
Ⓩ Zollabfertigung
1–24 Kajeschuppen

Stadtbesichtigung 7: Schwachhausen und Horn

Bürgerpark – Universität – Ansgarii-Kirche – Focke-Museum – Botanischer Garten/Rhododendronpark – Neue Vahr

Nördlich der Bahnhofsvorstadt erstreckt sich der 136 ha große **Bürgerpark.** Mitte des 19. Jhs. entstand der Gedanke, die sog. Bürgerweide in einen Volkspark umzugestalten. Die Bremer Bürger ergriffen die Initiative – nachdem der Senat keine Finanzen bereitstellte – und gründeten einen Verein. Ab 1866 wurde der Landschaftsgärtner Franz Wilhelm Benque beauftragt, das Gelände mit Spazierwegen, Seen und Wasserläufen zu gestalten.

Am Hollersee steht das 1911–13 von R. Jacobs erbaute Parkhotel. Um den Hollersee herum gruppieren sich die Plastiken „Vier Jahreszeiten" von Bernd Altenstein. Der einem Florentiner Vorbild nachempfundene Marcusbrunnen (Töpfer) wurde 1889 gestiftet. Reizvolle Spazierwege führen u. a. zum Wildgehege, zum Kaffeehaus am Emmasee und zur Meierei.
Im Sommer gibt es je nach Witterung Kremserfahrten (mit Pferd und Kutsche) durch den Bürgerpark. Abfahrt am Marcusbrunnen (Information: Verkehrsverein). Nördlich schließt sich jenseits der Eisenbahn der 66 ha große *Stadtwald* an.

Jenseits der Kleinen Wümme, im sog. Hollerland, liegen die modernen Betongebäude der **Universität** Bremen. Der Vorlesungsbetrieb wurde im Wintersemester 1971/72 mit etwa 450 Studenten aufgenommen. Heute sind an der Universität, die mit dem erklärten Ziel gegründet wurde, wesentliche Hochschulreformen zu verwirklichen, rund 18 000 Studenten eingeschrieben. Institutsräume, Bibliothek, Wohnheim, Mensa, Sportzentrum und Hallenbad werden von einer Erschließungsstraße ringförmig umschlossen.
Rund um die Universität wurde ein **Technologiepark** errichtet, um im Hochtechnologiebereich arbeitende Unternehmen und Forschungseinrichtungen auf dem Universitätsgelände zusammenzuführen und eine Kooperation von Wissenschaft und Wirtschaft zu ermöglichen. Symbol für Kompetenz im High-Tech-Bereich ist der 148 m hohe Bremer Fallturm, in dem Experimente unter den Bedingungen von Schwerelosigkeit möglich sind.

Stadtpark und Bürgerwald werden im Südosten begrenzt durch den Stadtteil Schwachhausen. An der Ecke Schwachhauser Heerstraße/Hollerallee steht die **St.-Ansgarii-Kirche,** 1955 nach Entwürfen von Fritz Brandt erbaut. Die Basilika mit verbreiterter Westfassade, hohem Langhaus und freistehendem Turm führt die Tradition der im Krieg zerstörten St.-Ansgarii-Kirche in der Altstadt fort: Die geretteten, wertvollen Ausstattungsstücke der alten Kirche haben hier Platz gefunden.

Inneres: Zu besichtigen sind die 1592 von dem Bremer Meister Hermen Wulf gefertigte Kanzel, der 15 m hohe Orgelprospekt (17. Jh.) und einige guterhaltene Epitaphien des 16. Jhs., an deren Herstellung der bedeutende niederdeutsche Bildhauer Ludwig Münstermann Anteil hat. An der Wand der Westvorhalle hängt die schwere Wetterfahne vom alten Ansgariiturm. Weiterer dekorativer Schmuck sind die vier barocken Messingkronen, das Glasfenster von Max Ingrad an der Stirnwand des südl. Seitenschiffs „Christus als Weltenrichter", sechs neuere Glasfenster im Nordschiff von Prof. Ackermann „Leben Ansgars" und ein spätgotisches Kruzifix im Chor.

An der Schwachhauser Heerstraße (Nr. 179) die 1949 von Gildemeister erbaute *Methodistenkirche* und an der Ecke Friedhofstraße – umgeben von altem Baumbestand – die *St.-Rembert-Kirche*. Gildemeister erbaute sie 1950 im Stil der alten St.-Pauli-Kirche mit tief herabgezogenem Dach und Dachreiter. Im Inneren eine eindrucksvolle Bronzeplastik des Gekreuzigten von Ernst Barlach.

In einem reizvollen Parkgelände, umgeben von altem Eichenbestand, liegt, Schwachhauser Heerstraße 240, das ***Focke-Museum,** Bremer Landesmuseum für Kunst- und Kulturgeschichte (Öffnungszeiten → S. 20). Dr. Johann Focke war ein seit 1890 um die Sammlungen hoch verdienter Senatssyndikus. Zwei historische Gebäude, das *Haus Riensberg* (14), ein Gutshaus von 1768, und ein *Bauernhaus* (12), aus dem Dorf Mittelsbüren hierher übertragen, erbaut um 1700, und ein Neubau von 1964 (H. Bartmann) enthalten die Sammlungen. Spaziermöglichkeiten im Park, Ruhebänke in Innenhöfen und im Rosarium und die Museumsgaststätte in einer alten *Ankerbalkenscheune* (15) gelten der Erholung.

Im *Haus Riensberg* (14) findet man Zeugnisse bürgerlicher Wohnkultur des späten 18. und vor allem des 19. bis frühen 20. Jhs. Es enthält große Wandtapeten und ein vollständig erhaltenes, von Heinrich Vogeler (→ S. 37) entworfenes Zimmer. Angeschlossen ist eine Abteilung zum Thema Kinderleben – Kinderspiel, die anhand von Spielzeug, Puppen u. v. m. Einblicke in die Kulturgeschichte des Spielens und der Kindererziehung vermittelt. – Das *Mittelsbürener Bauernhaus* (12), ein typisch niedersächsisches, um 1700 erbautes Zweiständerhaus, wurde hierher versetzt, als das Dorf Mittelsbüren (→ S. 75) den Klöckner-Werken weichen mußte. Ausgestellt sind Zeugnisse bäuerlicher Wohnformen und eine Sammlung ländlicher Arbeitsgeräte. Eine in Tarmstedt abgetragene *Scheune* (18) von 1803 beherbergt vor allem Wagen und landwirtschaftliche Arbeitsgeräte. Das Focke-Museum betreut außerdem eine in Oberneuland (6 km) gelegene *Turmwindmühle* aus dem Jahr 1848, in der eine ständige Ausstellung zum Thema „Vom Korn zum Brot" gezeigt wird.

Die Ausstellung im Neubau (1–11) gibt ein Spiegelbild bremischer Kulturgeschichte vom Mittelalter bis zum Jugendstil. In der Eingangshalle u. a. Originalsandsteinfiguren der Rathausfassade: der Kaiser und die sieben Kurfürsten (1405–1407), vier Wangen des ehemaligen Ratsgestühls aus dem Bremer Rathaus mit einer Darstellung Karls d. Gr. sowie, aus Baumberger Sandstein und vom Meister des Mindener Lettners angefertigt, das Grabmal des Bremer Ratsherrn Arnd v. Gröpelingen. Alte Ansichten und Stadtmodelle veranschaulichen die *Geschichte Bremens* vom 17. bis zum 19. Jh. Hervorragende Holzschnitzkunst (Orgelprospekt, Truhenplatten und Schränke), kostbar gearbeitete Silbergefäße und Ledertapeten bezeugen den Lebensstil der ratsfähigen Patrizierfamilien. Der Geschichte der bremischen **Schiffahrt* (6) und der damit verbundenen Wirtschaftsgeschichte des Landes ist eine Abteilung mit zeitgenössischen Schiffsmodellen (u.a. die Bremer Kogge, → S. 109), nautischen Geräten sowie Gegenständen, die an den Walfang erinnern, gewidmet. Eine *Glasgalerie* (7) und ein *Tabakkollegium* (5) mit seiner Sammlung zur Kulturgeschichte des Rauchens schließen sich an. Neben einer Ausstellung über Bremen im 19. Jh. beherbergt das Bremer Landesmuseum auch eine Sammlung zur *Vor- und Frühgeschichte* des Unterweserraums (3).

Gesäumt von alten Bäumen liegen hinter dem Focke-Museum die Riensberger Straße und der gleichnamige *Friedhof* mit einem kleinen See und älteren Grabdenkmälern. Östlich vom Riensberger Friedhof die *Horner Kirche,* ein klassizistischer Saalbau von 1823 mit haubengekröntem Turm, flacher Holzdecke, hölzernen Emporen in den Seitenschiffen und einer halbrunden Apsis.

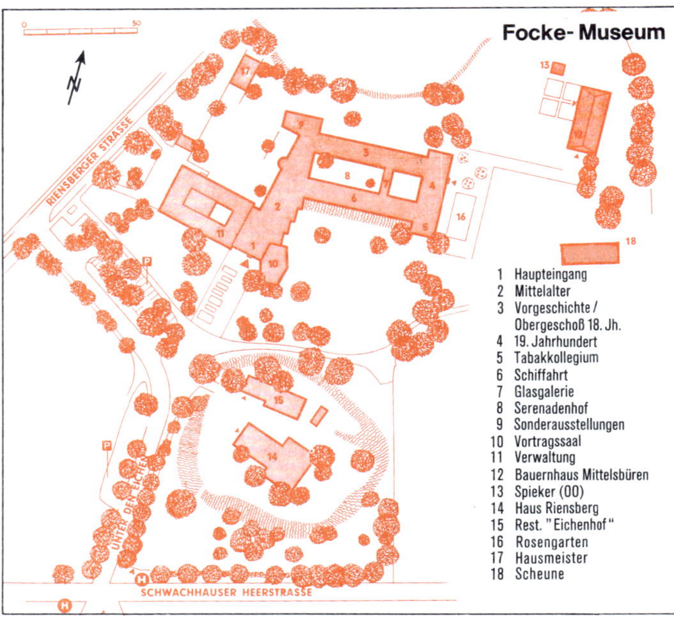

Östlich vom Focke-Museum liegen an der Marcusallee auf einem Areal von 36 ha der 1949–51 angelegte **Botanische Garten** und der **Rhododendronpark.** Letzterer wurde von der 1935 gegründeten „Deutschen Rhododendron-Gesellschaft“ angelegt und bietet über 1500 Rhododendron- und Azaleenarten Platz. Das *Wilhelm-Kaisen-Haus* (Öffnungszeiten → S. 20), eine Stiftung der Sparkasse Bremen, wurde 1972 als Gewächshaus (960 qm) für tropische und subtropische Rhododendronarten eröffnet. Im Park ein Café und ein lebensgroßer Wisent von Prof. Gorsemann. Einzigartig ist das *Azaleen-Museum* (Öffnungszeiten → S. 20), in dem die Züchtungsgeschichte der Pflanzen bis 1849 zurückverfolgt werden kann. Geöffnet ist das Museum nur während der Hauptblütezeit (20. März–30. April).

Nördlich des Botanischen Gartens die *Horner Windmühle* und die weithin sichtbaren Sendemasten von Radio Bremen. Südlich davon an der Heinrich-Hertz-Straße im Stadtteil Schwachhausen liegt das Hörfunkstudio von Radio Bremen. Das Fernsehstudio befindet sich im Stadtteil Osterholz.

Im Osten Bremens liegt der Stadtteil Vahr mit Gartenstadt **Vahr,** Neue Vahr-Nord, Süd-West und Süd-Ost. Die Gartenstadt Vahr entstand mit 1700 Wohnungen zwischen 1955 und 1956 und gilt als erstes Großvorhaben des sozialen Wohnungsbaus in Deutschland. Die Siedlung Neue Vahr mit rd. 10 000 Wohnungen folgte in den Jahren 1957–62. Sie wurde richtungsweisend für viele gleichartige Wohn- und Schlafstädte im In- und Ausland. Innerhalb des Geländes einige Wasserläufe, darunter der Vahrer See, sowie ein 22geschossiges Hochhaus nach dem Entwurf des finnischen Architekten Alvar Alto. Die *St.-Epiphanias-Kirche* in der Gartenstadt Vahr auf sechseckigem Grundriß und mit zum seitlich stehenden Turm hin trichterförmig abfallendem Dach wurde 1960 vollendet (P. O. Ahlers). Im Innern eine steinerne Taufe und Glasfenster von W. Merz. Mittelpunkt der Neuen Vahr ist die *Christuskirche* (Huchting und Lehnhoff), deren 33 m hoher, freistehender Turm sich portalartig zum Vorhof der Kirche öffnet. Die innere Ausstattung, Altar, Kanzel und Taufe in Beton sowie die Verglasungen und Glasmosaiken im Chor stammen von H. Lilienthal.

Oberneuland weiter nordöstlich und vorwiegend mit Bauernhäusern bebaut, darunter vielen schön gelegenen Landsitzen, zählt zu den besten Wohngegenden Bremens. An der Oberneulander Landstraße *Höpkens Ruh,* ein anstelle eines früheren Landsitzes erbautes Hotel mit schöner Parkanlage, von wo aus man durch das Hollerland zur Wümmeniederung wandern kann. In der *Oberneulander Mühle* nahe des Bahnhofs hat das Focke-Museum ein Mühlenmuseum eingerichtet (Öffnungszeiten → S. 21).

Südlich der Gartenstadt Vahr liegt **Hastedt** mit der architektonisch bedeutsamen *Auferstehungskirche* (Carsten Schröck; 1958). Der Chorraum gleicht einem aufrecht stehenden halben Kegel. Auf sein verglastes Schrägdach stützt sich mittig das Tragwerk aus Beton und hölzernen Bindern, auf dem das Aluminiumdach des Gemeindehaus ruht, das auf der anderen Seite in kühn geschwungenem Bogen in die Stirnwand übergeht. Beide Hallenseitenwände sind vollverglast. Die Glasmosaiken im Innern schuf E. Mitzlaff. – 5 Min. entfernt, lohnt ein Spaziergang über das 1993 errichtete Neue Weserwehr und in dem angrenzenden Skulpturenpark „Im Strom". In der Ludwig-Roselius-Allee im Norden von Sebaldsbrück befindet sich ein Rennplatz. – Im Osten rechts der Weser liegen die Stadtteile **Hemelingen** mit den industriereichen Ortsteilen Hemelingen, Sebaldsbrück, Hastedt und **Osterholz** mit Neubaugebiet.

Stadtbesichtigung 8: Die Neustadt

Anlagenring – Schulschiff Deutschland – südwestliche Vorstadt

Auf dem linken Weserufer liegt die Neustadt, die durch drei Brücken mit der Altstadt verbunden ist. Sie ist 1623–27 planmäßig angelegt worden, woran noch die sich rechtwinklig kreuzenden Straßen erinnern. Der zu Beginn des Dreißigjährigen Krieges um die Altstadt herumgelegte bastionäre Befestigungsring wurde auch um die Neustadt herumgeführt. Heute ist er durch Anlagen ersetzt.

Vom Markt her führt die Wilhelm-Kaisen-Brücke über die Weser und die Kleine Weser. Auf dem zwischen beiden Flußläufen liegenden *Stadtwerder,* früher eine Insel, hat an der Brücke die Verwaltung der Bremischen Ev. Kirche ihren Sitz.

Weiter stromaufwärts der *Fachbereich Nautik der Hochschule Bremen,* früher „Seefahrtsschule", dessen oberstes Deck wie die Kommandobrücke eines Schiffes gebaut ist. Davor eine originelle *Neptunsplastik* von Paul Halbhuber. Das *Planetarium* in der Werderstr. 73 (Ludwig Meier; 1979) dient vorwiegend zur Ausbildung in astronomischer Navigation. Öffentliche Vorträge finden jeden ersten und dritten Mittwoch im Monat um 20 Uhr statt. Im Anschluß an die Abendvorführung im Planetarium können interessante Objekte des jeweiligen Abendhimmels an den Instrumenten der Olbers-Sternwarte beobachtet werden.

Südlich der Seefahrtsschule die Becken des Wasserwerkes, überragt von der „Wasserkunst", dem um 1873 errichteten *Bremer Wasser-*

turm. – Stromabwärts zwischen Wilhelm-Kaisen-Brücke und Bürgermeister-Smidt-Brücke ist die Halbinsel nur schmal. Hier auf dem sog. „Teerhof" befand sich bis zum Kriege ein malerisches Speicherviertel. Heute stehen auf dem Teerhof das Haus der Versicherungen, das **Neue Museum Weserburg** und neue Wohnhäuser. Ein Steg verbindet den Teerhof mit der Neustadt. In die Altstadt gelangen Fußgänger über die Teerhofbrücke.

Die Pfarrkirche der Neustadt ist jetzt die 1968 erbaute **St.-Pauli-Kirche** an der Johannisstraße. Die alte St.-Pauli-Kirche, die im Kriege zerstört worden war, lag an der Kleinen Weser und war ein 1682 errichteter Saalbau mit Dachreiter, der im 18. Jh. für mehrere Kirchen des Bremer Außengebietes vorbildlich wurde. Die jetzt an einer Innenwand angebrachten Schnitzwerke stammen vom Orgelprospekt der alten Kirche.

Die **Zionskirche,** südlich außerhalb des Anlagenringes an der Kornstraße gelegen, wurde 1955–57 anstelle der zerstörten Kirche gleichen Namens von Carsten Schröck erbaut. Das eine Weltkugel krönende Turmkreuz in 33 m Höhe gilt als Wahrzeichen des Stadtteils. Im schlichten Kirchenraum ein großes Glasfenster von E. Mitzlaff „Christi Einzug in Jerusalem". Eine Besonderheit ist die Lage des Gemeindesaals über dem Kirchenraum.

Der etwa 1500 m lange **Anlagenring,** der die Neustadt umschließt, weist mehrere öffentliche Bauten auf. Am Ostende an der *Piepe,* einem Rest des Wallgrabens, das große *Rote-Kreuz-Krankenhaus.* In den Anlagen am Leibnizplatz der bronzene Zentaurenbrunnen von A. Sommer (1891). Dann im Hauptteil das neue Hallenbad Süd (mit Rollschuhbahn) und die großen Bauten der **Hochschule für Technik.** Der Neustadtteil zwischen Bürgermeister-Smidt-Brücke und Stephanibrücke wird von den Bauten der Brauereien Beck & Co, Haake-Beck und der Brennerei Güldenhaus eingenommen.

3 km südlich von der alten Neustadt liegt zwischen der Neuenlander Straße und dem Flüßchen Ochtum der von 1990 bis 1999 aufwendig modernisierte **Flughafen Bremen** mit einer 2034 m langen Start- und Landebahn. Bei rund 51 000 Flugzeugbewegungen im Jahr werden dort etwa 1,4 Mio. Passagiere und 2500 t Flugzeugfracht abgefertigt. In Bremen werden die Piloten der Lufthansa ausgebildet.

Westlich der Neustadt liegen die Bremer Stadtteile **Huchting** mit **Grolland** und – unmittelbar an der Weser – **Woltmershausen** mit Rablinghausen. Die *Rablinghauser Kirche* ist ein schlichter Saalbau mit Walmdach und Dachreiter, erbaut 1748–50. Von der wertvollen Ausstattung blieb nach Kriegsverlust nur eine wappengeschmückte Kartusche aus Sandstein (Mittelpfeiler der Nordwand) erhalten.

Südlich der Neustadt liegen die Stadtteile **Huckelriede** und **Obervieland.** *St. Johann* im Ortsteil Arsten ist die einzige noch gewölbte mittelalterliche Kirche im bremischen Landgebiet, die in ihrer ursprünglichen Gestalt (Mitte des 13. Jhs.) weitgehend erhalten ist. An den quadratischen Turm schließt sich ein wenig breiteres Schiff und an dieses der kleinere rechteckige Chor an. Die Schallöffnungen im Turm und die Chorfenster sind noch ursprünglich, die Langhausfenster, das Hauptportal im Turm und die seitlichen Strebepfeiler neueren Datums. Im Innern drei durch flache Gurtbögen voneinander getrennte Kreuzgewölbe. Bemerkenswert der außerordentlich gut erhaltene Grabstein eines adeligen Gutspächters von 1589 rechts vom Turmportal.

Stromab liegen die Stadtteile Neustädter Hafen mit dem Hafenerweiterungsgebiet und das dünn besiedelte Niederungsgebiet Niedervieland mit den Ortsteilen **Strom** und **Seehausen.** Ein Idyll zwischen hohen Bäumen und Grabsteinen des alten Friedhofes ist die *Kirche von Seehausen* aus dem 13. Jh. Ursprünglich sind noch die Umfassungsmauern des quadratischen Turms, des etwas breiteren Langhauses und des wieder schmäleren viereckigen Chores, eines Grundrisses ähnlich der Kirche zu Arsten. Der wehrhafte Turm, in dessen Innern noch die Schießscharten zu sehen sind, wurde 1637 erneuert und 1787 durch Einziehung von Ankern verfestigt (Jahreszahl in der Turmwand). 1889 wurde das Innere restauriert. Der erhalten gebliebene gemalte Flügelaltar im Spätrenaissancestil zeigt auf den Innenseiten Abendmahl, Verkündigung, Grablegung und Himmelfahrt, außen Petrus und Paulus. – Südlich von Seehausen ist eine Erweiterung des Neustädter Hafens vorgesehen. Weserabwärts liegt Hasenbüren mit einem Klärwerk und dem belebten *Jachthafen.*

Stadtbesichtigung 9: Bremen-Nord und Vegesack

Nordwestlich von Stadtwald und Bürgerpark liegen die Stadtteile **Findorff** und **Walle.** Sehenswert ist die *Kirche in Walle:* Der 1658 über dem Grab des Kgl. Schwedischen Geheimrates Ritter Chr. C. Rasch erbaute Kirchturm mit spitzem Helm über dem offenen Glockenstuhl ist einer der wenigen erhaltenen barocken Turmbauten Bremens. Das als Saalkirche 1726 erbaute Schiff wurde im Krieg zerstört und 1952 im gleichen Stil wieder aufgebaut (Schulte-Frohlinde). Glasfenster von H. Lilienthal nach einem Entwurf von W. Menz. Weiter Richtung Norden Oslebshausen und **Burg-Grambke** mit Grambker See, Burger See und – jenseits der Autobahn – Feldmarksee. Die schlichte *Kirche in Grambke* wurde 1722 nach dem Vorbild von St. Pauli errichtet. Der Turm wurde 1864, Tonnengewölbe und Emporen wurden 1817 der Saalkirche angefügt. Die reichgeschmückte Kanzel stammt von 1632. Von Burg-Grambke führt längs des Lesum-Deichs westlich und dann längs des Weserdeichs südlich eine 10 km lange Straße nach **Mittelsbüren,** das zu Lande nur auf diesem Weg zu erreichen ist. Das Dorf mußte zum größten Teil den Klöckner-Werken weichen. Erhalten sind nur wenige Häuser, darunter eine Gaststätte, und die 1846 erbaute *Moorlosenkirche.* Ein Bauernhaus ist im Focke-Museum (→ S. 69) zu besichtigen. In der Nähe von Mittelsbüren eine Schiffsanlegestelle.

Der Stadtbezirk **Bremen-Nord** besteht aus den Stadtteilen Burg-Lesum, Vegesack und Blumenthal rechts der Weser und bis auf die Ortsteile Burg-Grambke und Werderland auch rechts der Lesum. Er ist eine Mischung von Wohn- und Gewerbegebieten. Die hochgelegene *St.-Martini-Kirche* in **Lesum** ist eine schlichte Saalkirche mit flachem Gewölbe und stattlichen, von hölzernen Stützen getragenen Emporen. Sie wurde 1779 anstelle einer älteren Kirche an den mittelalterlichen Turm (1. Hälfte 13. Jh.) westlich angebaut. Guterhaltene Grabsteine an den Außenwänden. Im Innern ein barocker Kanzelaufbau. Weiterhin *St. Magnus,* mit Landhäusern und dem großen *Knoopspark.*

Vegesack, an der Einmündung der Lesum, hatte 1852 bis 1939 als Bremer Staatsgebiet eigene Stadtrechte und ist heute Beispiel für eine vorbildlich gelungene Stadtsanierung. Im Süden des Ortsteils Grohn, nahe der Lesum, die Wohnsiedlung *Haus Seefahrt,* eine 1545 gegründete Stiftung zur Versorgung alter Seefahrer und deren Witwen. Die berühmte „Schaffermahlzeit" (S. 18) wird vom Haus Seefahrt ausgerichtet. Das früher an anderer Stelle gelegene Haus der Stiftung wurde im Kriege zerstört, das schöne barocke Prunkportal von 1665 hierher versetzt. Nahebei ein *Jachthafen.*

An der Lesummündung liegt seit 1995 das ***Schulschiff Deutschland** als praktische Ausbildungsstätte für den seemännischen Nachwuchs vor Anker.

Das Schulschiff Deutschland ist ein 86 m langes Vollschiff in Stahlbauweise mit drei Masten und 25 Segeln. Es lief als Ersatz für ein 1920 abgeliefertes Schiff 1927 bei der Werft J. C. Tecklenborg in Bremerhaven von Stapel, sein Heimathafen ist Oldenburg, seine Reederei der „Deutsche Schulschiff-Verein" in Bremen. In den Jahren 1927–1939 hat das Schulschiff zahlreiche Auslandsreisen gemacht, in den Sommermonaten in die Gewässer der Nord- und Ostsee, im Winterhalbjahr in den Südatlantik. In den Kriegsjahren diente es in Elsfleth und verschiedenen Ostseehäfen der Nachwuchsausbildung und zuletzt als Lazarettschiff. Da das Schiff bei Kriegsende nicht ausgeliefert werden mußte, diente es 1946–48 als Wohnschiff der Minenräumdivision in Cuxhaven, 1949–52 als Jugendherberge am Weserbahnhof in Bremen. Danach Ausbildungsstätte für den seemännischen Nachwuchs als eine der sechs westdeutschen Schiffsjungenschulen. 1955 wurde es auf einen Liegeplatz in der Kleinen Weser und 1995 nach Vegesack verholt.

Seit Fertigstellung des Lesumsperrwerks, 1 km oberhalb von der Einmündung der Lesum in die Weser, ist deren Oberlauf mit den Nebenflüssen tideunabhängig und damit hochwasserfrei.
Der Ortskern **Alt-Vegesack** liegt 18 km weserabwärts vom Stadtzentrum entfernt. Der alte *Hafen* wurde von 1619–22 als erster künstlicher Hafen Deutschlands angelegt und bestimmte lange Zeit das Wirtschaftsleben: Walfang, Heringsfischerei und Schiffbau waren die Haupteinnahmequellen. Auch heute noch ist Vegesack Standort der Werft Bremer Vulkan. Hier wurden seit 1805 über 1300 Schiffe gebaut, darunter 1817 das erste deutsche Dampfschiff „Weser".
In der Nähe das *Havenhaus*, 1645 mit Blick auf den Fluß errichtet. Es wurde 1781 und 1978–81 umgebaut. An der Straße Kirchheide die 1819–21 errichtete klassizistische Saalkirche (J. E. Polzin). Der quadratische Turm wurde erst 1832 hinzugefügt.

Im nordöstlichen Ortsteil Schönebeck steht das **Schloß Schönebeck,** ein barocker Fachwerkbau mit Mansarddach, als Herrensitz des adligen Gerichtes Schönebeck 1682–86 von Obrist Fr. von der Borch erbaut (1705 großzügig umgebaut). Es beherbergt seit 1972 das *Heimatmuseum Vegesack* (Öffnungszeiten → S. 20) mit Abteilungen für Schiffahrt, Schiffbau, Walfang, Fischerei und Seenotrettungsdienst. Auch den Nachlaß des 1831 in Vegesack geborenen Afrikaforschers Gerhard Rohlfs (→ S. 36) bewahrt das Museum auf. Stücke zur bürgerlichen Wohnkultur, Frühgeschichte, Geologie und Tierwelt der Region ergänzen die Sammlung.

In **Blumenthal,** das sich weserabwärts an Vegesack anschließt, arbeitet seit über 100 Jahren die *Bremer Wollkämmerei.* Von dem 1354 erbauten festen *Haus Blomendal,* Auestraße 9, nahe dem Blumenthaler Bahnhof, stehen noch einige Flügel (im Innern heimatkundliche Sammlungen), von der alten Reformierten Kirche an der Landrat-Christians-Straße ist noch der zu einem Ehrenmal umgestaltete Turm erhalten. Die heutige Kirche ist eine Stiftung des Bremer Reeders Wätjen von 1879, der auch den nach ihm benannten Park mit einem neugotischen Schloß anlegte. – Weiterhin folgt **Bremen-Farge** (25 km) mit großem Kraftwerk am Weserufer und Fährhaus Meyer-Farge (Hotel und Restaurant) an der Weserfähre nach Berne mit Schiffsansage.

AUSFLUGSZIELE

1. Worpswede und das Teufelsmoor – Deutsche Märchenstraße (76 km)

Nördlich von Bremen findet das sog. Bremer Becken seine Fortsetzung in einem weiträumigen Schmelzwassertal, das von der Hamme durchflossen wird und seine Begrenzungen im Westen in Ritterhude an der Hamme und im Osten jenseits von Fischerhude an der Wümme hat. Da durch den Gezeitenstau der gleichmäßige Abfluß der Hamme und Wümme über die Lesum zur Weser unmöglich war, füllte sich die Senke weiter nördlich mit zahlreichen Hoch- und Niederungsmooren, die unter dem Begriff Teufelsmoor zusammengefaßt werden. Dieses ganze Gebiet ist seit dem 16. Jh. von den Rändern aus und 1752–54 planmäßig vom hannoverschen Staat durch den Moorkommissar J. C. Findorff kultiviert worden und gibt Einblick in die alten Formen der Moorentwässerung und Besiedelung. Mit seinem hohen Himmel über der schwermütigen Landschaft vermittelt es eine Stimmung, wie man sie sonst kaum findet. Die markanteste und berühmteste Stelle dieses großen Moordreiecks ist das Dorf Worpswede, seit etwa 1889 als Künstlerkolonie bekannt geworden.

Ausfahrt aus Bremen nordöstlich durch die Schwachhauser Heerstraße, am Focke-Museum vorbei; unweit vom Botanischen Garten und Rhododendronpark.

7 km **Horn-Lehe** mit *Windmühle* an der Landstraße sowie Autobahnunterführung. Auf der Borgfelder Heerstraße durch neue Siedlungen im sogenannten „Hollerland", das um 1106 von Holländern zuerst kultiviert wurde, und über die Wümme, die hier die Stadtgrenze bildet.

12 km **Lilienthal,** große Ortschaft auf dem Geestrücken nördlich der Wümme, mit rd. 15800 Einwohnern, *Kutschenmuseum,* Hospital mit Krankenhaus, Pflegeheimen und Bildungsstätten. 1232 wurde hier vom Erzbischof von Bremen ein Kloster für Zisterziensernonnen gegründet, die mit der Moorkultivierung begannen. Die im 13. Jh. erbaute ehem. *Klosterkirche,* ein gotischer Bau mit Dachreiter, ist von Wiesen umgeben; ein moderner Kreuzgang wurde davor gelegt.

Lohnender Abstecher 12 km östlich nach **Fischerhude,** einem Flecken mit 9500 Einwohnern, in dem sich – ähnlich wie in Worpswede, doch unberührter – von 1904 an eine Malerkolonie entwickelt hat. Das Dorf liegt auf einer langgestreckten flachen Düne inmitten des Flußgebietes der Wümme, das hier auf 4 km verbreitert ist und über 80 untereinander verbundene Flußarme aufweist. Seit der Regulierung von 1927 bilden sich die Wiesenflächen zu Weiden um. Die schon 1195 erwähnte Kirche wurde 1841 neu erbaut und 1886 erweitert. Das 1934 eingerichtete *Haus Irmintraut* enthält ein Bauernhausmuseum. Die Kunstschau zeigt Ausstellungen ansässiger und auswärtiger Künstler. Das Modersohn-Haus ist dem Kunstmaler Otto Modersohn gewidmet. Das bruchwaldähnliche Erlengebüsch mit hohen Eichen dazwischen schafft ein malerisches Orts- und Landschaftsbild. – Rückweg direkt nach Falkenberg.

16 km Heidberg – 20 km Worphausen.

24 km **Worpswede** (16 m), ein weiträumiges Waldhufendorf am Nordfuße des Weyerberges. Mit den umliegenden Reihendörfern aus der Zeit der Moorkolonisation bildet es eine Großgemeinde von rd. 9000 Menschen der verschiedensten Berufe. Die ersten Höfe sind im 13. Jh. angelegt worden, der weitere Ausbau erfolgte im 18. Jahrhundert. Der Name bedeutet „bewaldeter Hügel". Seit 1889 ist es durch eine Malerkolonie bekannt geworden, der als Gründer Fritz Mackensen (1866–1953), ferner Otto Modersohn (1865–1943), Heinrich Vogeler (1872–1942), Hans am Ende (1864 bis 1918), Fritz Overbeck (1869–1909), Paula Becker-Modersohn (1876–1907) und die Bildhauerin Clara Rilke-Westhoff (1878 bis 1954) angehörten. Später kamen Dichter und Schriftsteller hinzu, so 1898/99 Carl Hauptmann, 1898–1902 Rainer Maria Rilke, 1928–50 Wilhelm Scharrelmann, 1928–56 Manfred Hausmann, sowie 1914–29 der Bildhauer und Architekt Bernhard Hoetger. Auch heute besteht hier eine Künstlerkolonie.

Das Dorf liegt am Südende des Teufelsmoores, das von der Hamme durchzogen wird, von der ausgehend ein sog. Schiffgraben Dorf und Weyerberg in geradlinigen Kanälen in weitem Abstand umzieht, begleitet von 1776–1800 regelmäßig angelegten Moorkolonien (Mooringen, Bergedorf, Schlußdorf etc.). Das Zentrum des Ortes ist ein langgestrecktes Straßendreieck, um das sich die wichtigsten Bauten gruppieren.

Die hochgelegene *Zionskirche* im Südwesten ist ein schlichter Backsteinbau mit Dachreiter und weiß-goldenem Kanzelaltar. An der Eingangswand der erste Torfspaten des Moorkommissars Joh. Chr. Findorff, der die Kirche 1759 erbaut hat und von Worpswede aus 48 Moordörfer gründete und 8 Kirchen entwarf und erbaute. An der schnurgeraden Lindenallee, die nach Süden führt, am Anfang rechts ein origineller Backsteinbau von B. Hoetger (1928),

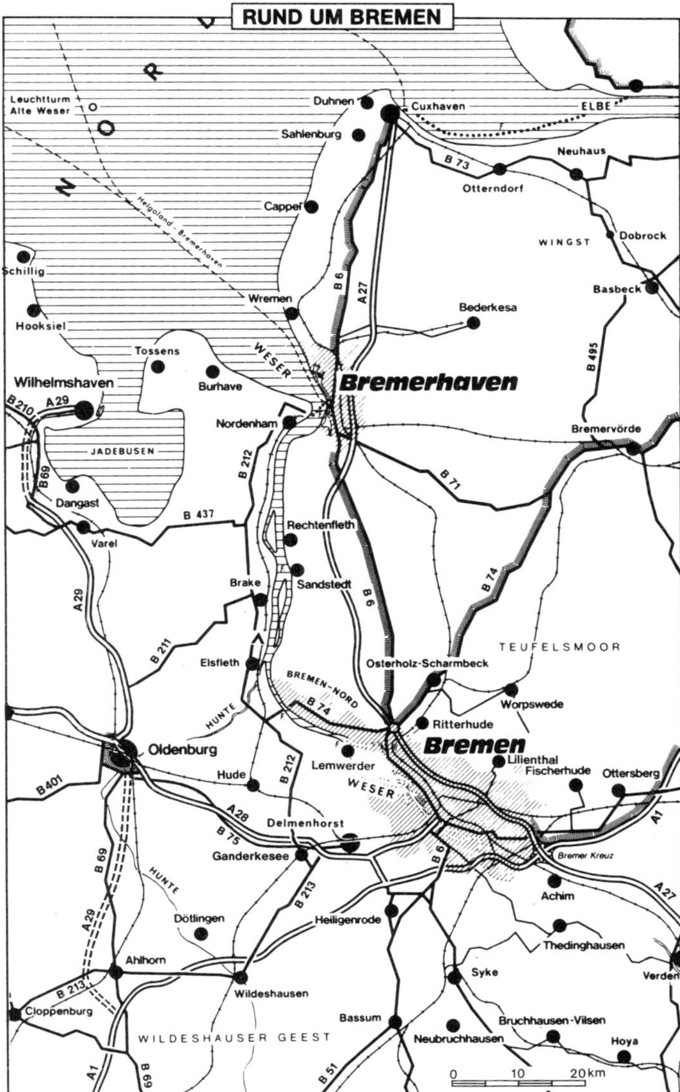
RUND UM BREMEN
Leuchtturm
Alte Weser
Duhnen
Cuxhaven
ELBE
Sahlenburg
Neuhaus
B 73
Otterndorf
Cappel
Helgoland - Bremerhaven
WINGST
Dobrock
Schillig
Basbeck
Wremen
B 6
A 27
Bederkesa
Hooksiel
Tossens
WESER
B 495
Wilhelmshaven
Burhave
Bremerhaven
B 210
A 29
Nordenham
Bremervörde
JADEBUSEN
B 212
B 69
B 71
Dangast
B 437
Rechtenfleth
Varel
Brake
Sandstedt
B 74
A 29
B 6
B 211
TEUFELSMOOR
Elsfleth
Osterholz-Scharmbeck
BREMEN-NORD
B 74
Worpswede
HUNTE
Ritterhude
Oldenburg
Bremen
Lemwerder
Lilienthal
Fischerhude
Ottersberg
B 401
Hude
B 212
WESER
A 28
A 1
Delmenhorst
B 75
Ganderkesee
Bremer Kreuz
B 6
B 69
HUNTE
A 27
B 213
Achim
Dötlingen
Heiligenrode
A 29
Thedinghausen
Ahlhorn
Syke
Verden
B 213
Wildeshausen
Cloppenburg
Bassum
Bruchhausen-Vilsen
WILDESHAUSER GEEST
Neubruchhausen
Hoya
A 1
B 69
B 51
0
10
20 km

der früher Kunstgalerie war und als *Stätte der Begegnung* ausgebaut wurde. Weiterhin links im Wald ein weiterer Bau von B. Hoetger, das *Café Worpswede.* ein phantastisch gestalteter Fachwerkbau (1925), und anschließend die *Große Kunstschau* mit einer umfangreichen Sammlung von Bildern der frühen Worpsweder Maler. Dahinter liegt eine vom Landkreis Osterholz eingerichtete Artothek. (Öffnungszeiten: tägl. 10–18 Uhr.)

Das ebenfalls hier gelegene *Ludwig-Roselius-Museum für Frühgeschichte* wurde als Pavillonfolge in modernen Formen 1971 errichtet, um das 1930 von Roselius in der Böttcherstraße in Bremen eingerichtete „Museum für Väterkunde" aufzunehmen. Es zeigt in klarer einfacher Form die Kulturentwicklung von der Altsteinzeit bis zur Wikingerzeit. (Öffnungszeiten: Mo u. Fr 12 bis 18, sonst tägl. 10–18 Uhr.) Das nordöstlich abseits gelegene *Haus im Schluh,* eine Gruppe von drei hierher übertragenen Bauernhäusern, enthält eine Sammlung von Werken des Malers Heinrich Vogeler, die 1921 von seiner ersten Frau Martha gegründet wurde. Unter den etwa 40 Bildern einige seiner Hauptwerke, ferner Graphik, Möbel, Schriften und illustrierte Bücher. (Öffnungszeiten: tägl. 14–18 Uhr.) Das von H. H. Rief aufgebaute und betreute *Worpsweder Archiv* bewahrt die Dokumente zur Geschichte der Künstlerkolonie. Ferner hier eine Gobelinweberei.

Der Weyerberg (57 m), der die Anlage des Dorfes ermöglichte, ist eine Düne aus Lehm und Sand, eine Landmarke im Moor und schon uralter Siedlungsplatz. Auf dem höchsten Punkt im Boden ein Wasserbehälter. Die Bäume im weiten Umkreis verdecken Teile der weiten Moorlandschaft. – Im Wald im Südwesten der *Niedersachsenstein,* ein Gefallenenmal aus Klinkern in Form eines riesigen Adlers mit ausgebreiteten Flügeln (1922; B. Hoetger). Auf einem Platz im Wald an der Nordwest-Ecke erinnert eine Steinpyramide an den Moorkommissar J. C. Findorff (1720–93).

An der Straße nach Lilienthal liegt rechts etwas abseits der kleine **Barkenhoff,** ein Bauernhaus des 18. Jhs., das Heinrich Vogeler 1895 erworben, umgestaltet und 1923 der „Roten Hilfe" als Kinderheim geschenkt hat. Seit 1979 sind hier Ateliers und Wohnungen für Künstler eingerichtet. Man verläßt Worpswede nach Nordosten in Richtung Gnarrenburg.

29 km **Neu St. Jürgen,** ein Dorf, das im 18. Jh. von Teufelsmoor aus für die Viehhüter auf den Weidegebieten östlich der Hamme angelegt wurde. Hier biegt man nach Westen ab; rechts ein Campingplatz.

33 km **Teufelsmoor,** lang hingezogene Siedlung am Südrande des heutigen Teufelsmoores (d. i. duwes, taubes Moor). Sie ist schon um 1500 angelegt worden und stellt die älteste Form einer Hochmoorsiedlung dar. Die stattlichen, von Eichen umgebenen Gehöfte sind z. T. auf niedrigen Wurten (aufgeworfene Wohnhügel) errichtet und liegen über den Moorrand verstreut. Das Teufelsmoor hat gute Abflüsse und bot daher recht trockenen Baugrund.

42 km **Osterholz-Scharmbeck,** Kreisstadt des Landkreises Osterholz mit 23 600 Einwohnern, bedeutenden Viehmärkten und Fabriken für Zigarren, Fahrzeuge etc., 1927 aus zwei Orten zusammengeschlossen und 1929 zur Stadt erhoben. Östlich der Bahnlinie das *Klosterholz* mit riesigen, 200 Jahre alten Buchen und die romanische *Klosterkirche* eines 1185 gegründeten Nonnenklosters, das 1648 von den Schweden aufgelöst wurde. Die Kirche ist gut wiederhergestellt worden. Heimatmuseum, 2 Wind-, 1 Wassermühle, Aussicht vom Wasserturm. – Man biegt nach Südosten ab und überschreitet die hier schiffbare Hamme. (Wer zurück nach Worpswede will, biegt 1 km hinter der Hammebrücke links ab.)

48 km Niederende, Dorf im „St.-Jürgens-Marschland“.

52 km **Ritterhude,** Dorf am Geesthang der Hammeniederung, 12 800 Einw. Große Lack- und Farbenfabriken. Die windungsreiche, durch Kanäle im Lauf begradigte Hamme vereinigt sich hier mit der Wümme zur Lesum. Vor dem Bau der großen *Hammeschleuse* 1874–76 wurde die ganze Niederung bei Sturmfluten in einen See verwandelt. Die Hamme war einst der größte Wasserweg für die nach Bremen oder auf dem Hamme-Oste-Kanal zur Elbe fahrenden Torfschiffe. Das von einer Graft (Graben) umgebene Dammgut gehörte vom 14. Jh. bis 1775 den Herren von Hude, nach denen der Ort benannt wurde. Die Kirche stammt von 1702.

54 km **Wasserhorst**, ein bereits zu Bremen gehörendes Dorf an der Wümme (15 km vom Zentrum entfernt). In malerischer Lage am Deich die alte *Kirche von Wasserhorst.* Der quadratische Turm stammt aus der Zeit um 1200, das Schiff wurde 1743 als Saalkirche im Stil von St. Pauli angebaut. Im Innern geschnitzte Hausmarken und Wappen. Die Glocke „Katrina“ wurde 1474 von Ghert Klinghe gegossen. Hübsche Wanderung auf dem Wümmedeich östlich nach Borgfeld (2,5 Std.) und weiter durch die von zahllosen Wasserläufen durchflossene *Wümmeniederung* (Vogelschutzgebiet) nach Fischerhude (→ S. 77). Man folgt nun nach Osten auf einer Deichstraße dem windungsreichen Lauf der Wümme, Bremens Stadtgrenze.

56 km Wummensiede, an der Einmündung der Kl. Wümme, die von Süden her durch das Bremer Blockland kommt.

59 km Nieder-Blockland. Weiterhin an Teichen vorüber.

64 km Ober-Blockland mit Gasthaus an der Wümme. Die Straße wendet sich von der Wümme weg nach Südosten.

67 km Einmündung in die Borgfelder Heerstraße – 76 km Bremen-Zentrum.

2. Die Weser oberhalb Bremens. Verden a. d. Aller (102 km)

Dieser Ausflug erschließt das Urstromtal der Weser zwischen Bremen und Verden, das zwischen dem Geestrand bei Achim dicht nördlich des Stromes und bei Bruchhausen weit im Süden etwa 20 km breit ist. Die Weser hat hier aus alter Zeit zwei breite Niederungen zurückgelassen, durch die einst ihre Arme flossen, und zwischen diesen sind große und flache Sandbänke stehengeblieben. Die Siedlungsform auf diesen und an den Geesträndern ist das altsächsische Hufendorf (Hufe = bäuerl. Hofstätte mit Acker, ca. 10 ha), in der Marsch an den Geesträndern haben sich Reihendörfer gebildet.

Man verläßt Bremen über die Weserbrücke nach Süden und folgt dem Weserufer stromaufwärts durch die Neustadt und die Stadtteile Huckelriede und Obervieland, wo man nahe dem Strom nach 7 km Fahrt die Autobahn überschreitet und der Dreyer Landstraße folgt.

10 km Dreye, wo man sich von der Weser entfernt und die Niederung eines einstigen Weserarmes überquert.

23 km **Thedinghausen,** langgestreckte Ortschaft mit rd. 3200 Einwohnern am Ostrand einer Sandinsel, der das Flüßchen Eiter folgt. Der Ort war 1679 bis 1974 eine braunschweigische Enklave. Der sog. *Erbhof im Hagen,* ein Schloß des Erzbischofs von Bremen, ist ein schöner Frühbarockbau von 1619 aus Backstein mit Hausteingliederung und drei giebelgekrönten „Utluchten" (Erker). – Man durchquert die 3 km breite Eiterniederung, durch die einst ein Weserarm nach Norden floß.

29 km Wulmstorf – 32 km Blender, mit Naturschutzgebiet. – 35 km Weserbrücke.

40 km **Verden an der Aller** (20 m), jetzt Kreisstadt von 25 000 Einwohnern, ist als Reiterstadt durch seine Turniere international bekannt. Die alte Bischofs- und ehem. freie Reichsstadt liegt in einer fruchtbaren Niederung unweit der Mündung der Aller in die Weser. Die Stadt besitzt alte Straßenzüge mit Fachwerkhäusern und Reste

der mittelalterlichen Stadtmauern. Im Süden erhebt sich der mächtige ehem. **Bischofsdom** (1050–1498) mit hohem kupfernen Satteldach und niedrigem romanischen Westturm. Der Kirchenraum ist eine weite, schmucklose Halle. Beachtenswert auch die *Andreaskirche,* ein einschiffiger Backsteinbau, der 1212–20 errichtet wurde, und die *Johanniskirche,* die im 12. Jh. in gedrungener Gestalt erbaut, im 15. Jh. durch Seitenschiffe zur Halle erweitert wurde. Für Pferdefreunde sehenswert ist das *Deutsche Pferdemuseum,* Andreasstr. 7. 2,5 km nördlich von Verden liegt bei dem Dorfe Halsmühlen der **Sachsenhain,** der mit seinen 4500 im Jahre 1935 aufgestellten Findlingsblöcken an die 4500 Sachsen erinnern soll, die Karl d. Gr. der Überlieferung nach 782 hier wegen ihres Widerstandes hinrichten ließ.

Man überschreitet in Verden die Aller und folgt der B 215 etwa am Ostufer der windungsreichen Weser nach Süden.

49 km Dörverden (Windmühle) – 52 km Barme (Hotel Weserlust mit Restaurant) – 54 km Hassel. Hier biegt man nach Westen ab und gelangt durch die Flußniederung und über die Weser.

62 km **Hoya,** auf beiden Seiten der Weser gelegenes Kreisstädtchen von 4000 Einwohnern, 1345–1582 Residenz einer bedeutenden Grafschaft. Auf der ehem. Burgstelle steht heute das Amtsgericht, aus der Burgkapelle ging die Pfarrkirche hervor.

3 km südlich liegt der Ort **Bücken,** in dem der Erzbischof von Bremen 885 ein Stift gegründet hatte, das bis 1649 bestand. Die jetzige ev. **Stiftskirche* ist eine dreischiffige Pfeilerbasilika des 12. Jhs. mit Doppeltürmen, Querschiff, Konchen und Chor aus dem 13. Jh. Großartiges Triumphkreuz von 1230, Chorfenster von 1250, Steinkanzel aus dem 13. Jh., Chorgestühl, Hochaltar und Sakramentshaus aus gotischer Zeit.

Die Straße folgt nun dem Geestrand, der das Urstromtal der Weser im Süden begrenzt und durchquert dabei den Forst Memsen.

72 km **Bruchhausen-Vilsen** ist ein Luftkurort auf der Grenze von Weserniederung und hoher Geest. In Vilsen die alte, aus Feldsteinen erbaute St.-Cyriakus-Kirche, zwischen beiden Orten ein Jagdschloß von 1658. In der Umgebung viele Hünengräber. Der Ort ist seit 1966 Ausgangspunkt der ersten deutschen *Museums-Eisenbahn* auf der 8 km langen Schmalspurbahnstrecke (1-m-Spur) über Heiligenberg nach Asendorf. Der Dampfzug mit Waggons aus der Jahrhundertwende fährt im Sommer an Sonn- u. Feiertagen, Juli–Sept. auch an Samstagen. Ausstellungs- und Arbeitshalle. In Asendorf ein *Automobil-Museum* in einem ehemaligen Bauernhaus an der B 6, wenige Minuten vom Bahnhof.

Umweg von 13 km über Bassum nach Syke. Die Straße kreuzt nach 7 km die B 6 und erreicht nach 13 km in westlicher Richtung **Bassum,** ein Städtchen von 15 000 Einw. in waldreicher Umgebung, mit Damwildgehege und Vogelvolieren. Das *Kloster Bassum* ist um 860 vom Erzbischof von Bremen als Kanonissenstift gegründet und im 16. Jh. in ein adeliges Damenstift umgewandelt worden, das noch heute besteht. Die *Stiftskirche* ist im 13./14. Jh. als gotische Hallenkirche mit Vierungsturm auf dem romanischen Grundriß neu aufgebaut worden. Im Stiftsgebäude ist der Kapitelsaal sehenswert.

80 km **Syke** mit 18 000 Einwohnern, Ausflugs- und Erholungsort, im Hachetal gelegen, mit waldreicher Umgebung. In einem niedersächsischen Bauernhaus das *Kreisheimatmuseum.* – Weiter auf der B 6 im Tal der Hache abwärts. 89 km Leeste. – 92 km Brinkum. Dann über die Autobahn. – 102 km Bremen.

3. Wildeshausen und Cloppenburg (156 km)

Von Bremen auf der Stephanibrücke über die Weser und auf der B 75 durch den Stadtteil Huchting. Nach 16 km erreicht man südwestlich der Stadt Delmenhorst die nach Süden abzweigende B 213. – 24 km Hengsterholz.

36 km **Wildeshausen,** Luftkurort (20 m), an der Hunte gelegen, ist der Hauptort des Naturparkes Wildeshausener Geest, eines ausgedehnten Wald- und Heidegebietes. Es hat Stadtrechte seit 1270 und ist damit die älteste Stadt im Oldenburger Land. 14 000 Einwohner. Am Marktplatz das gotische *Rathaus,* ein Backsteinbau mit Treppengiebel. Die *Alexanderkirche* ist eine 1224–30 erbaute kreuzförmige Basilika romanischen Stils, deren hoher Westturm aus dem 14. Jh. stammt. Sie gehörte zu einem verschwundenen Stift, das ein Enkel Herzog Wittekinds 951 gegründet und mit Reliquien des hl. Alexander beschenkt hatte. Schöne Gewölbe, steinerner Diakonstuhl, frühgotischer Kruzifixus. In der Sakristei Wandbilder des 13./15. Jhs. (Falkenjagd). – Sehenswertes *Brennerei-Museum.*

Lohnende Rundfahrt, 14 km: auf der nach Colnrade führenden Straße nach Süden. – 2 km das *Pestruper Gräberfeld,* eine Heidefläche mit über 500 Erdhügeln aus der frühen Eisenzeit. – 2 km das Dorf Pestrup. – 1 km Abzweigung nach rechts. – 3 km Kleinenkneten, hier nach Norden in Richtung Wildeshausen. – 1,5 km weiter rechts ein Fußweg zu den *Kleinenkneter Steinen,* zwei im Walde versteckten großen Hünengräbern, mit Zugang zu der in der Mitte gelegenen Steinkammer. – 5,5 km Wildeshausen.

Die B 213 zieht hinter Wildeshausen in langen Geraden durch die *Ahlhorner Heide* (stein- und bronzezeitliche Grabstätten). – 43 km Steinloge; 1 km südlich der B 213 die *Visbeker Braut,* ein 82 m langes und 7 m breites Grabmal aus Granitblöcken.

50 km **Ahlhorn.** Abstecher von hier 3,5 km südlich auf der nach Visbek führenden Straße bis zur Waldgaststätte Engelmannsbäke; von dort zu Fuß in 8 Min. zum *Visbeker Bräutigam,* einem

108 m langen, 10 m breiten Hünengrab der Jungsteinzeit, das aus mehr als 150 Steinblöcken besteht.

66 km **Cloppenburg** (32 m), Kreisstadt von 20 900 Einwohnern. Der älteste Teil der Stadt ist das am hohen Ufer der Soeste gelegene „Krapendorf" mit schlichter Kirche von 1729. Inmitten der Stadt das **Museumsdorf*, ein 1934 gegründetes Freilichtmuseum (40 ha) von Gehöften des 17./18. Jhs., das die traditionelle ländliche Bauweise des oldenburgischen Münsterlandes in großartigen Beispielen vor Augen führt. Es sind nicht nur ganze Gehöfte mit Scheunen und Ställen zu sehen, sondern die ganze Fülle der Handwerksbetriebe wie Schmiede, Töpferei (in Betrieb), Blaudruckerei, Brauerei, dazu drei Typen von Windmühlen. Im Zentrum ein als Gaststätte eingerichteter, prächtiger Dorfkrug. Besonders sehenswert auch das Herrenhaus Burg Arkenstede von 1684. Weitere Bauten: Bockwindmühle, Gulfhaus, Münchhausenscheune, Kirche und Dorfschule. Von Cloppenburg auf der B 213 zurück bis (14 km) Ahlhorn und hier nach Norden abbiegen.

86 km **Großenkneten**, Gemeinde von 11 700 Einw. in noch recht unberührter Landschaft. 93 km *Huntlosen.* – 99 km *Kirchhatten.* – 105 km Dingstede. – 109 km *Neustadt.*

118 km **Hude,** 24 km westlich von Bremen, verdient einen Besuch wegen seiner Klosterruine. Der Ort hat 12 300 Einwohner und ist staatl. anerk. Erholungsort. Sehenswert sind die alte Wassermühle, das ehem. Abtshaus sowie das „Vielstedter Bauernhaus", das als *Heimatmuseum* eingerichtet ist. Waldschwimmbad, Gasthof Klosterschänke. Die *Pfarrkirche,* einst Torkapelle des Klosters, enthält gotische Wandmalereien aus der Erbauungszeit (um 1300) und einen interessanten Altar aus 24 geschnitzten Bildfeldern des 14. Jhs. in neuem Schrein. Die als Ruine erhaltene *Klosterkirche* ist in der zweiten Hälfte des 13. Jhs. für ein 1232 von dem Oldenburger Grafen gegründetes Zisterzienserkloster errichtet worden. Erhalten ist nur die gotische Südwand des Mittelschiffs, die aus in eigener Ziegelei hergestellten Backsteinen besteht, sowie aus Terrakottaformsteinen und Glasurziegeln, die zur Belebung der großen Pfeiler und Wandflächen eingefügt sind. Das Kloster war reich begütert und betrieb außer einer Ziegelei eine Weberei, Keramikwerkstätte und Glasmalerei. 1533 hob es der Bischof von Münster auf und gab es 1536 zum Abbruch frei. Das Klostergut erwarb 1683 der Jägermeister und Drost (Truchseß) Kurt von Witzleben, in dessen Familienbesitz es noch ist.

Von Hude weiter durch die Weserniederung nach Norden bis (126 km) **Berne.** Über Altenesch nach Bremen (156 km).

DIE UNTERWESER

Der 65 km lange Lauf der Weser von Bremen bis zur Mündung bei Bremerhaven heißt **Unterweser,** mit der Stromlandschaft zusammen mitunter auch „Niederweser".

Das Flußbett erweitert sich von 210 m bei Vegesack auf 2000 m bei Bremerhaven und ist im Mündungstrichter schließlich 10 km breit. Das Gefälle beträgt dabei nur 9 m. Da Ebbe und Flut zweimal täglich bis Bremen vordringen, ist die Unterweser ein Gezeitenstrom, dessen Strömungsrichtung und Wasserfülle wechseln. Bei aufsteigender Flut fließen die Wasser landeinwärts bis Bremen, bei Ebbe strömen sie, Schlick und feinen Sand mitführend, wieder zum Meer. Süßwasser und Salzwasser mischen sich zwischen Brake und Bremerhaven zu Brackwasser, in dem weder die Kleinsttiere des Flusses noch die des Meeres leben können. Die Brackwasserzone verschiebt sich je nach der Stromstärke in der Oberweser. Der Fluß erhöht ständig sein Bett, verlagert die Strömung, baut Sandbänke mitten im Strom auf. Nur durch ständiges Ausbaggern, durch Seezeichen und durch großzügige Begradigung des Flußlaufes kann die Großschiffahrt bis Bremen aufrechterhalten werden.

Als die Unterweser vom 16. Jh. an immer mehr versandete und verschlickte, die Seeschiffe jedoch an Größe und Tiefgang zunahmen, drohte Bremen ein toter Hafen zu werden. Man schuf 1620 einen neuen Bremer Endhafen 17 km stromabwärts bei Vegesack, den ersten künstlichen Hafenbau in Deutschland. Als auch dieser verschlammte, wich man auf den oldenburgischen Hafen Elsfleth aus, später noch weiter weserabwärts nach Brake, und schließlich baute Bremen sich 1827 seinen eigenen Hafen an der Geestemündung, heute Bremerhaven. Der Kampf mit den Anrainern, namentlich mit den Oldenburger Grafen, um die freie Weserschiffahrt durchzieht die Jahrhunderte. Die Oldenburger erwarben Land rechts der Unterweser schon 1277, das linke Mündungsufer 1517 und erhoben 1562–1820 in Elsfleth Zoll von den bremischen Schiffen. Sieger in dem Kampf blieb aber schließlich Bremen. Die große Weserkorrektur 1887–94, durchgeführt von dem Bremer Wasserbaumeister Ludwig Franzius (→ S. 37), begradigte und vertiefte den Flußlauf, so daß der Ebbesog Schlick und Sand ständig aus der Fahrrinne wusch, und beseitigte linke und rechte Nebenarme, so daß die damaligen „Regelfrachter" von 5 m Tiefgang wieder Bremen selbst anlaufen konnten. Es folgten weitere Ausbaustufen. Die im Jahre 1973 begonnene Vertiefung auf 9 m unter Seekartennull gestattet Schiffen bis 11 m Tiefgang unter Ausnutzung der Tide die Fahrt nach Bremen.

Zu beiden Seiten hat die Weser als Gezeitenstrom durch Überschlickung des Geestbodens Marschen entstehen lassen, ein jahrtausendealter Vorgang, der erst seit der Eindeichung der Ufer vom 16. Jh. an zum Stillstand gekommen ist: auf dem rechten Ufer ist das Marschland, bekannt als Osterstade und Landwürden, schmal, auf dem linken oldenburgischen Ufer ist es breit und umfaßt die Landschaften Stedingen, Stadland und Butjadingen. Nebenflüsse von einiger Bedeutung sind rechts die Lesum, die Lune und die Geeste, links die Hunte und die Ochtum.

1. Mit dem Schiff stromabwärts bis Bremerhaven

Abfahrt: Martini-Anleger unterhalb der St.-Martini-Kirche mit Schiffen der Schreiber-Reederei. Von Pfingsten bis Anfang September Mi, Do, Sa ab 8.30 Uhr bis Bremerhaven in ca. 4 Stunden. Rückfahrt am Nachmittag. Stationen in Mittelsbühren, Vegesack, Blumenthal, Farge, Brake und Nordenham. Außerdem Ausflugsfahrten auf der Weser. Auskünfte Tel. 32 12 29.

Linkes Ufer

Der Anlegestelle gegenüber an der Spitze der Weserinsel *Stadtwerder* liegt der Teerhof, einst Bremens malerisches Speicherviertel. 1992 sind hier 220 Wohnungen entstanden, deren rote Ziegel an die ursprüngliche Bebauung erinnern. 1991 wurde in den vier Speicherhäusern auf der Spitze der Teerhofinsel das Neue Museum Weserburg (→ S. 50) eröffnet. Hinter der Bürgermeister-Smidt-Brücke vereinigt sich die Kleine Weser mit dem Hauptstrom. Am Neustädter Ufer konzentrieren sich Betriebe der Bremer Nahrungs- und Genußmittelindustrie (Kaffeeröstereien, Zigaretten- und Tabakfabriken, Brauereien und Spirituosenfabriken). Das Schiff unterfährt die zweigeschossige Stephanibrücke und die Eisenbahnbrücke der Strecke Bremen–Oldenburg (vgl. Hafenplan).

2 km Zufahrt in den kleinen, dem Binnenschiffsverkehr dienenden *Hohentorshafen,* ferner der Stadtteil Woltmershausen. Im Hintergrund das Gaswerk.

4 km **Rablinghausen,** dessen kleine Kirche mit niedrigem Dachreiter hinter Bäumen hervorlugt. – 6 km Einfahrt in die Neustädter Häfen.

8 km **Seehausen** mit alter Kirche und Klärwerk im Norden des Hafenerweiterungsgebietes.

9 km **Hasenbüren;** am Ende des Ortes (11 km) ein Jachthafen. – 14 km Mündung der Ochtum. – 15 km Werkflugplatz der Flugzeugwerke MBB.

18 km **Lemwerder,** kleiner Industrieort mit Werften und Flugzeughallen, Jachthafen und Autofähre zum gegenüberliegenden Vegesack.

22 km *Bardenfleth,* Fähre nach Blumenthal. – 25 km, Kirchturm von Berne in 3 km Entfernung. Autofähre nach Farge. Es beginnt der 6 km lange **Elsflether Sand**, hinter dem bei km 30 an einem toten Weserarm Elsfleth (→ S. 90) liegt. Das vom Schiff deutlich

erkennbare, langgestreckte weiße Gebäude ist die bekannte Seefahrtsschule.

32 km Mündung der schiffbaren Hunte, an der weit flußaufwärts Oldenburg liegt. – 34 km Oberhammelwarden. – 38 km Kirchhammelwarden mit Kirche und kleiner Werft.

40 km **Brake** (→ S. 91); das Gebäude mit dem Signalturm nahe der Anlegestelle enthält das Braker Schiffahrtsmuseum. Verladeanlagen für Getreide, Zellulose und Erz. Ölraffinerie. Im Strom die lange Insel Harriersand, mit zwei Leuchtfeuern.

45 km Abzweigung eines Weserarms, der eine 5 km lange Flußinsel, die *Strohäuser Plate,* westlich umfließt, hinter der Rodenkirchen (→ S. 91) liegt.

53 km Kleinensiel mit Schnellfähre nach Dedesdorf (→ S. 95) – 56 km Großensiel mit kleinem Hafen.

58 km **Nordenham** (→ S. 92) Anlegestelle; aufstrebender Industrieort (Norddeutsche Kabelwerke, Friedrich-August-Hütte, Vereinigte Flugtechnische Werke, Asbestfabrik u. a.). Umschlaganlagen für Erz und Getreide, an denen man bei der Weiterfahrt vorbeikommt. – 63 km, das Gebäude mit dem zinnengekrönten Turm ist der Bahnhof Nordenham-Blexen. Weitere Industriewerke (Gutehoffnungshütte, Titan-Werke). – Das Ufer tritt zurück und hinter einem weißen Radarturm beginnt die Weser, sich zu dem bis ca. 10 km breiten Mündungstrichter der Außenweser zu erweitern. – 67 km Bremerhaven.

Rechtes Ufer

Am Weserufer der hochgelegenen Altstadt Bremens erheben sich die Fronten neuerer, nach dem Kriege erbauter Bürohäuser. Zwischen Bürgermeister-Smidt- und Stephanibrücke die Jugendherberge, das Haus der Jugend, und die Stephani-Kirche. Hinter der Eisenbahnbrücke der *Weserbahnhof* für den Hafenumschlagsverkehr, die Cornflakesfabriken der amerikanischen Firma Kellog.

4 km Einfahrt in den *Europahafen.* – 5,5 km Einfahrt zum Übersee-, Getreide-, Holz- und Fabrikhafen. – 9 km Einfahrt in die abgeschleusten Industriehäfen. Hier erstreckt sich am rechten Ufer das 10 qkm große Hochofen-, Stahl- und Walzwerk der *Klöckner-Werke AG,* Hütte Bremen. Direkt am Fluß der kleine *Mittelsbürener Hafen* und danach der Klöcknerhafen.

13 km die *Moorlosen-Kirche* mit den wenigen verbliebenen Häusern des ehemaligen Dorfes Mittelsbüren (→ S. 75).

18 km **Bremen-Vegesack** (S. 75) an der Einmündung der Lesum mit kleinem Hafen, der 1619 zum Stolz der Bremer Kauflaute als erster künstlicher Hafen in Deutschland angelegt worden war, einer Signalstation, dem „Havenhaus" von 1645 und dem Ausflugslokal „Strandlust" unmittelbar an der Anlegestelle. Autofähre nach Lemwerder. Der Geestrücken tritt nahe ans Ufer. Es folgen die Anlagen der Werft Bremer Vulkan, der Wätjenspark und die Bremer Wollkämmerei.

22 km Anlegestelle **Blumenthal** mit kleinem Hafen. Fähre nach Bardenfleth. – 25 km Anlegestelle **Farge.** Hier Fährhaus „Meyer-Farge" (Hotel und Restaurant) mit Schiffsansage; Autofähre nach Berne, die Nordwestdeutschen Kraftwerke mit 4 hohen Schornsteinen, deren Hochspannungsleitungen den Fluß überspannen, und einem Bauhof des Wasser- und Schiffahrtsamtes.

24 km **Rekum** mit ehemaligem U-Bootbunker. Die Geest tritt wieder zurück. Hinter den Deichen breiten sich Marschlande aus.

33 km. Es beginnt die 9 km lange Weserinsel **Harriersand** mit Camping- und Badeplätzen: Übersetzverkehr von Brake.

44 km **Sandstedt** mit Kirche und Fähre nach Golzwarden.

46 km **Rechtenfleth,** Heimatort des Marschendichters Hermann Allmers.

53 km **Dedesdorf,** Kirchdorf in Landwürden mit Schnellfähre nach Kleinensiel. Weiterhin die *Große Luneplate,* eine sehr flache, dünn besiedelte, vom Hauptstrom abgetrennte Insel von 7 km Länge und 2,5 km Breite, gemeinsames Industrieerweiterungsgebiet von Niedersachsen und Bremen. – Bremerhaven kommt in Sicht.

64 km der Fischereihafen. – 66 km Geestemündung mit Radarturm und Anlegestelle der Weserfähre nach Blexen. – 67 km Bremerhaven.

2. Am linken Weserufer stromabwärts bis Blexen (81 km)

Man verläßt Bremen nach Süden und überschreitet die Weser auf der Stephanibrücke. Hinter der Brücke rechts unter der Bahn hindurch und auf der Woltmershauser Straße durch den Ortsteil **Woltmershausen.** Rechts der kleine *Hohentorshafen,* links das Gaswerk und die Tabak- und Zigarettenfabrik Martin Brinkmann. Nach 2,5 km biegt man nach Südwesten und folgt 8 km weit der

Stromer Landstraße, die das Erweiterungsgebiet der *Neustädter Häfen* und die Niedervieländer Marschen umzieht, meist am Deich gegen das Flüßchen Ochtum hin, das hier die Bremer Stadtgrenze bildet. Man überschreitet die Ochtum auf der Stedinger Brücke und biegt dann rechts in die Stedinger Landstraße ein.

14 km (von der Weserbrücke) **Deichhausen,** Dorf am Ochtumer Deich.

15 km *Denkmal Stedingsehre,* 1843 auf dem St.-Veitshügel links der Straße errichtet. Es erinnert an die Entscheidungsschlacht vom 27. Mai 1234, in der ein vom Erzbischof Gerhard II. von Bremen aufgebotenes Ritterheer ein 2000 Mann starkes Bauernheer schlug, wodurch der „Kreuzzug" gegen die Stedinger sein Ende fand. Die gefallenen Bauern wurden in einem ungeweihten Massengrab (St.-Veitshügel) beigesetzt.

18 km **Altenesch,** Kirchdorf nahe der Mündung der Ochtum in die Weser.

In Tecklenburg zweigt eine 4 km lange Straße ab nach **Lemwerder,** einem industriereichen Ort am Weserufer. Zwischen Straße und Weserufer der 3 km lange Flugplatz der Firma Aircraft Services Lemwerder ASL, die Flugzeuge wartet bzw. umrüstet. Weiterhin die große Jachtwerft Abeking & Rasmussen, international berühmt für ihre großen und kostbaren Segeljachten. Am Ende der Straße die Autofähre nach Vegesack; rechts davon der Jachthafen. – Über Bardenfleth-Warfleth (alte Schifferkirche am Deich) kann man wieder die Hauptstraße vor Berne erreichen.

Von Altenesch in westl. Richtung. – 23 km Einmündung in die B 212.

30 km **Berne,** Hauptort des Stedinger Landes am Zusammenfluß von Ollen und Berne gelegen, die etwas unterhalb in die Hunte münden. 6400 Einwohner. Die *St.-Egidius-Kirche* wurde im 13./14. Jh. erbaut, der Turm schon im 12. Jh.; Altar und Kanzel stammen aus der Schule von Ludwig Münstermann (17. Jh.). Abzweigung einer Straße zur 3 km entfernten Weserfähre nach Farge. 3 km hinter Berne überschreitet die B 212 auf einer stählernen Brücke die bis Oldenburg schiffbare Hunte.

37 km **Elsfleth,** ein Städtchen von 8500 Einw., ist eine der ältesten Siedlungen an der Weser, mit Stadtrecht seit 1856. Von 1624 bis 1820 erhoben hier die Oldenburger Grafen zum großen Ärger Bremens den ergiebigen Elsflether Zoll auf alle auf der Weser verschifften Waren. Bei der Bremer Weserkorrektion von 1893 wurde der westliche Weserarm (Westergate) stillgelegt und Elsfleth damit vom Seeschiffverkehr ausgeschlossen; es hat aber noch Werftindustrie.

Die hier einmündende Hunte bildet das Ende des Schiffahrtsweges von der Ems über den Küstenkanal zur Weser. Durch das einstige Bett des westlichen Weserarmes (Westergate) mündet die Hunte in den Strom. Zwischen ihr und dem Schiffahrtsweg der Weser liegt der 6 km lange Elsflether Sand. Seit 1832 befindet sich hier eine bedeutende Seefahrtschule, die 1836 staatlich wurde. Die 1633 erbaute *St.-Nicolai-Kirche* erhielt ihre heutige Form 1690. Sie besteht aus zwei Schiffen („Alte" und „Neue" Kirche). Denkmal von 1859 für Herzog Friedrich Wilhelm von Braunschweig-Oels, der sich hier mit seiner „Schwarzen Schar" 1809 auf der Flucht vor Napoleon nach England einschiffte.
Von Elsfleth bis vor Rodenkirchen folgt man besser nicht der B 212, die Brake umgeht, sondern der unterhalb des Weserdeichs östlich parallel laufenden Straße.

47 km **Kirchhammelwarden.** Auf dem Friedhof das Grab von Karl Rudolf Bromme, genannt Brommy (1804–60), der 1849–53 Admiral der von der Nationalversammlung geschaffenen ersten deutschen Kriegsflotte war. Weiter am Weserdeich entlang.

50 km **Brake** (4 m), Hafenplatz an der Weser mit Stadtrecht seit 1856. 17 500 Einwohner. Fettraffinerie und Schiffbau. Von 1817 an als oldenburgische Konkurrenzgründung zu Bremerhaven aufgeblüht (Freihafen seit 1835) und 1849 Ankerplatz nebst Trockendock der ersten deutschen Kriegsmarine. Der Turm des Hafenhauses diente bis 1860 als Station des optischen Telegraphen nach Bremen und Bremerhaven; er enthält heute einen Teil eines sehr sehenswerten **Schiffahrtsmuseums* (10–12, 14–17 Uhr, außer Mo). Brake ist Geburtsort des Dichters Georg v. d. Vring (1889–1968). Auf der 9 km langen Strominsel Harriersand Zeltplätze, Badestrand und zwei Leuchttürme.

53 km **Golzwarden,** altes friesisches Bauerndorf, dessen Wehrkirche von 1263 auf einer hohen Wurt (Hügel) liegt; Kanzel von 1640, Taufbecken von 1633.

56 km Sürwürden, wo man wieder in die B 212 einbiegt.

59 km **Rodenkirchen,** heute zu Stadland gehörig, eine altfriesische Siedlung auf breiter Wurt angelegt mit 7400 Einwohnern und Hafen in Strohausen. In der Weser die 5 km lange Strominsel Strohäuser Plate. Die **Pfarrkirche,* ein großer kreuzförmiger Bau, wurde im 13./14. Jh. auf einer Anhöhe als Wehrkirche angelegt. Der riesige Altar mit der zentralen Darstellung des Abendmahls in leuchtenden Farben ist ein Meisterwerk von Ludwig Münstermann aus Hamburg (1629). Auch die prächtige Kanzel (1631) und das Epitaph Dethmers an der nördl. Chorwand sind Werke von Münstermann

und seiner Werkstatt. – Am Ortsende vor dem Bahnübergang erinnert seit 1914 ein *Denkmal* mit der Aufschrift „Lever dot as Slav“ an den vergeblichen Kampf der Butjadinger Bauern gegen den Grafen von Braunschweig-Lüneburg, an den sie hier 1514 ihre Freiheit verloren.

65 km **Esenshamm,** Dorf mit 600 Einwohnern. In der *Wehrkirche* ein schönes Gestühl von 1601. Eine Straße führt 3 km östlich nach Kleinensiel, wo ein Kernkraftwerk entstand. Wagenfähre über die Weser nach Dedesdorf.

72 km **Nordenham,** aufstrebende Hafen- und Industriestadt von 31 000 Einwohnern, zwischen der B 212 und dem Weserufer gelegen. Ausgedehnte Kaianlagen. Sitz der Norddeutschen Seekabelwerke und der Friedrich-August-Hütte. Metallindustrie, Keramikwerk. Nordenham, das seit 1908 Stadtrechte hat, entstand aus der Wurtensiedlung „Atens“ im Westen, Bauernschaften und der nach 1745 planmäßig angelegten Hafensiedlung. *Friesisches Marschen- und Stadtmuseum* für Butjadingen – Nordenham – Stadland (Di–Fr 14–17, Sa 15–18, So 10–12 und 15–18 Uhr). Im Süden der Stadt am Weserufer Strandbad und Campingplatz. Die B 212 führt durch den Ostteil des Butjadinger Landes und biegt scharf nach Osten.

80 km **Blexerdeich,** von wo halbstündlich eine Autofähre (40 Wagen) in ca. 15 Min. über die 2000 m breite Wesermündung nach Bremerhaven fährt. – 1 km nördlich liegt das Dorf **Blexen,** das seit 1933 zu Nordenham gehört, Sitz neuer chemischer Großindustrie (Titan-Werk). Inmitten des alten Friedhofes liegt erhöht die spätromanische *Tuffsteinkirche* mit schöngeschnitzter Kanzel von Ludwig Münstermann (1638–41). An der Südseite der Kirche der *Willehadus-Brunnen* (1875), der an den ersten Bischof von Bremen erinnert, der 789 in Blexen gestorben sein soll. Von hier schöner Blick auf Bremerhaven.

3. Die Grüne Küstenstraße bis Bremerhaven (57 km)

Die Straße (B 6) führt in langen Geraden auf dem Geestrücken durch ein ausgedehntes Heidegebiet, dessen Siedlungen aus alten niedersächsischen Bauernhäusern ein freundliches Aussehen haben. Sie ist ein Teilstück der Grünen Küstenstraße, die von den Niederlanden an der Nordsee entlang bis nach Norwegen (Oslo) führt.

Vom Bahnhofsplatz folgt man nach Nordwesten dem Straßenzug Breitenweg – Utbremer Straße – Waller-, Gröpelinger-, Oslebshauser-, Grambker-, Burger-, Bremer Heerstraße bis Burglesum. – In Walle (→ S. 75) ist die alte Waller Kirche beachtenswert. Links bleiben Waller Park und Friedhof, rechts das Waller-See-Bad. – In Oslebshausen links die Gruppe der Industriehäfen, rechts die Strafanstalt. Weiterhin links das große Gebiet der Klöckner-Werke. Nach 10 km durchfährt man den schon ganz von Marschen umgebenen Vorort Burg-Grambke mit Resten alter Wasserläufe (Grambker See) und überschreitet auf der Bremer Heerstraße die Lesum, einen breiten rechten Nebenfluß der Weser.

13 km Straßenkreuzung mit der B 74, rechts nach Osterholz – Scharmbeck – Bremervörde, links nach Vegesack – Weserfähre Farge – Berne. – Die B 6 führt als Bremerhavener Heerstraße im Bogen durch den Villenvorort Burglesum und erreicht die Stadtgrenze am „Verteilerkreis Bremen-Nord" bei Ihlpohl, das 15 km entfernt vom Stadtzentrum liegt. Nun tritt die Straße in das Geestgebiet ein und durchquert die **Garlstedter Heide.**

20 km Heilshorn. – 26 km Garlstedt. – 34 km Dorfhagen. – 37 km Börsten, Straßenkreuz.

47 km **Stotel,** größere Ortschaft an der Lune, an der Nordseite des Stoteler Moores gelegen. – 49 km; man fährt unter der Autobahn hindurch.

53 km **Wulsdorf,** erster südlicher Vorort von Bremerhaven. Einmündung der östlich von Bremervörde kommenden B 71. Zwischen der B 6 und der Weser liegt der Fischereihafen von Bremerhaven.

57 km Bremerhaven, Bismarckstraße (Hauptbahnhof).

4. Die Uferstraße durch die Marschen bis Bremerhaven (77 km)

Das Marschland des rechten Weserufers ist bis zum Geestrand im Durchschnitt nur etwa 4 km breit. Wer es kennenlernen will, benützt eine Landstraße zweiter Ordnung, welche die ufernahen Marschdörfer verbindet, von denen viele auf Hügeln, sogenannten Wurten, angelegt worden sind. Da der einstige rechte Weserarm der Verlandung preisgegeben wurde, findet man hier im Gegensatz zum Westufer keine größeren Häfen oder gar Städte, sondern Marschdörfer mit Ackerbau (Kohl) und Viehzucht. Die Namen der Marschlandschaften sind Osterstade (d. i. östliches Stedingen) und weiter nördlich Landwürden (d. i. Land der Wurten).

Als das Land noch nicht durch Deiche geschützt war, drang bei zunehmender Küstensenkung die Flutwelle der Nordsee immer weiter in die Unterweser vor und überdeckte den alten Waldboden des Geestlandes weithin mit Marschenschlick. Der Schlickfall war in der Nähe des Ufers naturgemäß am höchsten, weil zuerst die grobkörnigen Sandteilchen zu Boden sanken. Diese Schlicksande bauten längs der Ufer ein nur 1 km breites sog. Hochland auf, das das Binnenland um 1–2 m überragt; weiter landeinwärts haben sich feinkörnigere, lehmartige Sinkstoffe abgelagert, die als Schlicklehm den zweiten Marschstreifen bilden. Das feinste tonige Material wurde am weitesten ins Land getragen und als dünne Tonschlickdecke vor dem Geestrand abgelagert. Höhenlage und Dicke des Marschbodens nehmen also gesetzmäßig vom Flußufer bis zum Geestrand ab und zwischen „Hochland" und Geest entsteht eine flache Mulde, das sog. Sietland. An der niedrigsten Stelle des Sietlandbeckens, am Geestrand, sammelten und stauten sich die Wasserabflüsse der Geest, und weil kein geregelter Abfluß zu schaffen war, versumpften und vermoorten die Wassertümpel allmählich zu Randmooren. Diese wurden jedoch noch zeitweise von der Flutwelle überschlickt, so daß sie eine andere Struktur haben als Binnenlandsmoore. Man unterscheidet also im Marschland: 1. Außenlandszone vor dem Deich, 2. Das Hochland mit den Dörfern, 3. Das Sietland, 4. Das Moorland.

Vom Stadtzentrum 13 km bis zum Straßenkreuz Burglesum wie S. 92 beschrieben. Hier beginnt eine 15 km lange Fahrt durch die dicht besiedelten Bremer Stadtteile Burglesum, Vegesack und Blumenthal.

14 km **Burglesum,** Stadtteil nördlich der Lesum. Die hochgelegene *St.-Martini-Kirche* in Lesum hat noch einen romanischen Turm aus dem 13. Jh., ist im übrigen jedoch eine Saalkirche von 1779. Eine auffällige Baugruppe im Parkgelände bilden hier die Vereinigten Anstalten der Inneren Mission („Friedehorst") und die Orthopädische Klinik. Zur Weser hinunter zieht sich der ausgedehnte *Knoops-Park* mit Altenheimen in St.-Magnus.

20 km **Vegesack,** an der Mündung der Lesum in die Weser (Beschreibung → S. 75). Beachtenswert der Hafen, die klassizistische Pfarrkirche im alten Stadtzentrum, das Wasserschloß Schönebeck mit interessantem Heimatmuseum (Di, Mi, Sa 15–17, So 10–12.30 und 15–17 Uhr) im Nordosten. – Zwischen dem Wätjenspark im Süden und dem Löhwald im Norden gelangt man nach

26 km **Blumenthal,** einem großen Vorort, den man ganz nahe am Weserufer durchfährt. Standort der großen Bremer Wollkämmerei, eines kleinen Hafens und einer Schiffswerft.

28 km **Farge,** nördlichster Vorort von Bremen, auf dem letzten Ausläufer der Geest gelegen. Am Weserufer Fährhaus Meyer-Farge (Hotel und Restaurant) mit Schiffsansage, einer Wagenfähre für die B 74 zur *Juliusplate* hinüber, einer ehem. Weserinsel mit Campingplatz. Ferner am Ufer ein großes Kraftwerk. Hier verläßt man die B 74 und folgt einer einfachen Landstraße, die alle wesernahen Dörfer der Marschlande von Osterstade und Landwürden verbindet.

30 km **Rekum,** Ortsteil von Farge mit ehem. U-Boot-Bunker am Weserufer, heute Depot der Bundesmarine. Nach Anmeldung Besichtigung möglich. In Rekum stand einst die Witteburg des Erzbischofs, der den Fluß durch ein Pfahlwerk und Ketten sperren ließ. Doch durchbrach 1220 ein bremisches Schiff diese Sperre, und anschließend wurde die Burg geschleift.

32 km **Neuenkirchen** mit schöner Kirche aus dem 12. Jahrhundert. Die Straße tritt in die Marschen von **Osterstade** ein. Dieses Gebiet ist um 500 v. Chr. von der Geest aus besiedelt worden. Die ältesten Dörfer entstanden als Wurtensiedlungen auf dem schmalen überschlickten Dünenstreifen. Ein Hochwasserdeich wurde in Gemeinschaftsarbeit bereits um das Jahr 1000 angelegt. Er war um 1700 kaum 3 m hoch, ist oft von Sturmfluten durchbrochen worden, bis er dann im 19. Jh. auf 5 m erhöht wurde. Das Entwässerungsnetz der „Fleete" und „Helmer", nach dem auch die Feldwege, Gemeindegrenzen und Blockfluren ausgerichtet sind, ist mit dem Deichbau entstanden.

37 km **Rade,** altes Dorf mit Strohdachhäusern dicht hinter dem Landesschutzdeich. Lohnender Abstecher 2 km nach Westen, vorüber am neuen Rader Siel und über eine Brücke zur 9 km langen Weserinsel Harriersand mit neuen Höfen auf hohen Warften.

40 km **Aschwarden.** Im Ortsteil Bruch, 1 km östlich eine schöne *Kirche* des 13. Jhs. mit offenem Glockenturm, gut restauriert.

41 km Wurtfleth – 43 km Rechtebe – 45 km Wersabe – 46 km Offenwarden mit ehem. Weserinseln.

Hier empfiehlt sich ein Umweg von 8 km durch das **Offenwardener Moor** nach Sandstedt. Das Gewässernetz wird landeinwärts enger, die „Blockfluren" werden kleiner, dann beginnen die langen Moorhufen und schließlich zum Geestrand hin die dichte Folge der Moorwassergräben, die das hochgelegene Moor entwässern. Das Land liegt hier tiefer als am Weserufer. Die Gehöfte im Offenwardener Moor liegen zwischen den Marschweiden einerseits, den Mooräckern andererseits.

49 km **Sandstedt,** Hauptort von Osterstade mit Wagenfähre über die Weser und Campingplatz am Ufer.

52 km **Rechtenfleth,** Dorf dicht am Stromufer, Heimat des Marschendichters Hermann Allmers (1821–1902), der sich nach langen Reisen und Wanderungen wieder in sein Heimatdorf zurückgezogen hatte, wo er auch begraben liegt (Marschenbuch, 1858). Im Marschenhof, den er bewohnte, heimatkundliche Sammlungen mit seinen Reiseerinnerungen (9–11, 14–17 Uhr, Sa nachm., Mo geschl.). Man durchquert Landwürden, das „Land der Wurten".

63 km **Dedesdorf,** Dorf am Ufer mit Weserfähre nach Kleinensiel. Die ehem. Schenke *Landwürder Hof* ist seit 1774 mit 2100 handgemalten Delfter Kacheln ausgestattet. In der *St.-Laurentius-Kirche* befindet sich eine guterhaltene Barockorgel von Arp Schnitger (1698). Auf dem Kirchhof viele alte Grabsteine. – Die Straße wendet sich landeinwärts und folgt dem Lauf der sog. „Alten Weser".

71 km **Lanhausen.** Über die Lune hinwegfahrend erreicht man die B 6, der man bis (77 km) Bremerhaven folgt.

BREMERHAVEN
PRAKTISCHE ANGABEN VON A–Z

An- und Abreise

Autobahn von Bremen (A 27) nach Cuxhaven; *Bundesstraße 6* von Bremen nach Bremerhaven (66 km).

Bundesbahn: Hauptbahnhof, Bahnhof Lehe, Columbusbahnhof (Bahnhof am Meer).

Fähren: Für Autos Weserfähre nach Nordenham-Blexen, Abfahrt am Fährhaus.

Ausflüge

Im Sommer tägl. Inselausflüge mit der MS „Helgoland" nach Helgoland, Anmeldung bei Reederei Waarings, Tel. 0 44 64/80 21; mit dem Katamaran „Nordblitz" nach Wangerooge, Langeoog, Norderney, Sylt und zu den Leuchttürmen, Auskunft bei Niekamp Seetouristik, Tel. 7 67 34.

Auskunft

Verkehrsamt der Seestadt Bremerhaven, Van-Ronzelen-Str. 2, Tel. 9 46 46 10. Mo–Fr 8–16 Uhr; Tourist-Info, Columbus-Center, Obere Bürger 17, Tel. 4 30 00, Mo–Fr 10–18, Do 10–20.30, Sa 10–13 bzw. 16 Uhr. Information (Veranstaltungen, Ausstellungen), Anmeldung für Gruppenführungen.

Aussichtspunkte

Plattform im Radarturm am Geeste-Vorhafen: Di–So 10–13 und 14–18 Uhr; vom 1. 10.–31. 3. nur sonntags.

Container-Aussichtsplattform am Nordhafen: Besichtigung vom 1. 3.–31. 10. möglich; Rundblick über Überseehafen und Container-Terminal.

Auto → An- und Abreise → Pannenhilfe.

Bäder

Hallenbäder: *Gartenhallenbad Nord,* Kurt-Schumacher-Str. 14, Mo–Fr 14–21.30, Do bis 17, Sa 10–19 Uhr. *Hallenbad Süd,* Schillerstr. 144, Mi–Fr 6.30–21.30, Sa 6.30–19, So 8–12.30 Uhr. *Stadionbad,* Am Stadion, Mo–Fr 6–13 u. 19–22.30, Sa 7–16, So 8–13 Uhr. ***Freibäder:*** *Parkfreibad Speckenbüttel* und *Freibad Grünhöfe,* Mitte Mai–Anfang September tägl. 9 Uhr bis spätestens 20.30 Uhr (Einbruch der Dunkelheit).

Das Baden in der Weser ist verboten. Das Weserbad an der Geestemündung mit Sandstrand ist nur zum Sonnenbaden geeignet.

Cafés

Eiscafé Becker, Georgstr. 63; *Café Bode,* Hafenstr. 91; *Café Eßvergnügen,* Theodor-Heuss-Platz 9; *Café National,* Bürgermeister-Smidt-Str. 101.

Campingplatz

am Spadener See im Nordosten, Autobahn-Ausfahrt Überseehafen Richtung Spaden, Tel. 80 10 22.

Discotheken

Enterprise, Grazerstr. 51; *Tanz-Treff Blinkturm,* Das Tanzlokal, Fährstr. 6; *Get up,* Marcusstr. 2; *Q Danceclub,* Lloydstr. 10.

Essen und Trinken

Bremer Spezialitäten → S. 15; → Restaurants.

Fahrradverleih

Ausarbeitung von Radtouren, Vereinbarung von Transport und Übergabe, Tel. 4 75 31 oder 93 15 80. Vom April–Sept. außer Mo, Am Neuen Hafen, DEBEG-Haus.

Hotels

Bremerhaven verfügt über rund 20 Hotels mit etwa 1000 Betten. Wir nennen eine Auswahl (Preisstand 1996, Kat. 1: 120–250 DM, Kat. 2: 50–130 DM).

Hotel Haverkamp[1], Prager Str. 34, Tel. 48 33-0; *Best Western Hotel Naber*[1], Theodor-Heuss-Platz, Tel. 4 87 70; *Parkhotel*[1], Im Bürgerpark, Tel. 2 70 41; *Choice Comfort-Hotel*[1], Am Schaufenster 1, Tel. 9 30 20; *Resthotel Primula*[1], Stresemannstr. 110, Tel. 9 55 00.
City Hotel[2], Schillerstr. 8, Tel. 92 46 70; *Hotel Columbus*[2], Lange Str. 143–145, Tel. 9 54 40; *Hotel Geestemünde*[2], Am Klint 20 (Bürgerpark), Tel. 2 88 00; *Weser Hotel*[2], Weserstr. 132, Tel. 7 96 60; *Hotel zur Börse*[2], Lange Str. 34, Tel. 8 99 90.

Jahreskalender

Mai	Eröffnung der Helgoland-Saison
	Bremerhavener Frühjahrsmarkt
	Nordsee-Woche (mit Regatta)
	Bürger-Bummel (Straßenfest in der Fußgängerzone)

Juni	Geestemünder Schützenfest
	Wochenende an der Geeste
Juli	Festwoche mit Basar Maritim
August	Bremerhavener Freimarkt mit Stadtkönigsschießen
	Heidjerfest in der Leherheide
November	Hot Jazz Festival im Columbus-Center
Dezember	Weihnachtsmarkt in der Fußgängerzone und Weihnachtszauber in der Stadthalle

Jugendherberge
Gaußstraße 54–56, Tel. 8 56 53. Buchungen im Tourist-Info im Columbus-Center unter Tel. 4 30 00.

Märkte
Fischauktionen im Fischereihafen finden nur bei Frischfischlandungen statt.

Museen
„Aufbruch in die Fremde“: Erlebnis-Ausstellung in der alten Werkhalle am Deich neben dem Deutschen Schiffahrtsmuseum: tägl. 10–18, Nov. und Dez. 11–17 Uhr.

Deutsches Schiffahrtsmuseum (→ S. 108) mit Hauptgebäude, Koggehaus, Museumshafen, Bootshalle und Freigelände: Di–So 10–18 Uhr, Museumsschiffe 1. 10.–31. 3. geschl. Technikmuseum U-Boot „Wilhelm Bauer“ tägl. 10–18 Uhr vom 1. 4.–31. 10.

Freilichtmuseum Speckenbüttel (→ S. 116): Geesthaus und Marschenhaus Di–So 9–11 und 15–18 Uhr (1. 10.–31. 3. geschl.)

Kunsthalle (→ S. 113), Karlsburg 4: Wechselnde Ausstellungen des Kunstvereins Bremerhaven von 1886, Di–Fr 14–18, Sa–So 11–13 Uhr.

Morgenstern-Museum (→ S. 107), An der Geeste: Di–So 10–18 Uhr. Außenstelle: Museumsschiff FMS „GERA“, Am Fischkai (im Schaufenster Fischereihafen → S. 106): 1. 4.–31. 5. Sa, So und feiertags 11–17 Uhr, 1. 6.–31. 9. tägl. 11–17 Uhr, 1. 10.–31. 10. 11–17 Uhr.

Nordsee-Museum des Alfred-Wegener-Instituts (→ S. 105), Am Handelshafen 12: jeden 3. Sonntag im Monat 14–18 Uhr, für Gruppen nach Anmeldung (Tel. 4 83 14 02).

Versorgungs- und Verkehrsmuseum, Hansastr. 17: Mo–Fr 8–12 Uhr.

Zoo am Meer mit Nordsee-Aquarium (→ S. 113), Weserdeich: tägl. 8–19, April und Sept. 8–18.30, in den Wintermonaten 8–16.30 Uhr. Fütterungszeiten: 10.30 und 15 Uhr.

Notdienste
Überfall, Verkehrsunfall 110; Feuer, Unfall 112; Rettungsdienst, Krankentransport 142-0; Ärztlicher Notdienst 1 92 92.
Krankenhäuser: Zentralkrankenhaus Reinkenheide, Postbrookstr., Tel. 29 91; DRK-Krankenhaus Am Bürgerpark, Schiffdorfer Chaussee 29, Tel. 1 82-0; St.-Joseph-Hospital, Wiener Straße 1, Tel. 4 80 50. Der zahnärztliche Notdienst ist über die Tagespresse zu erfahren.

Öffentliche Verkehrsmittel → Verkehr.

Öffnungszeiten von → Aussichtspunkten und → Museen siehe dort.

Pannenhilfe
Stadtpannendienst des ADAC, Tel. 4 24 70 oder 9 46 91-11.

Parks
Thieles Garten: Ein Park mit altem Baumbestand, exotischen Pflanzen, Skulpturen und Galerie, Mecklenburger Weg 100, Di–So 9 Uhr bis Einbruch der Dunkelheit, im Sommer bis 20 Uhr.

Post
Postamt am Hauptbahnhof, Friedrich-Ebert-Str. 77: Mo–Fr 8–18, Sa 8–13 Uhr, Spätschalter: Mo–Fr 18.15–19, Sa 13.15–15 Uhr.
Telefonvorwahl: 04 71.

Restaurants
Bremer Küche im Kapitel Bremen (→ S. 15).
Cap Horn, Am Baggerloch, Fischereihafen, Tel. 7 38 79; *Lehrke,* An der Geeste 19, Tel. 20 00 77; *Fischereihafen-Restaurant Natusch,* Am Fischbahnhof, Tel. 7 10 21; *Schaufenster Fischereihafen:* 1992–1995 wurde die ehemalige Packhalle IV im alten Fischereihafen in eine maritime Freßmeile verwandelt; *Seute Deern,* Schiffsgaststätte im Alten Hafen, Tel. 41 62 64; *Strandhalle,* Am Weserdeich, Tel. 4 60 61.

Schließfächer
stehen im Hauptbahnhof und im Stadtstudio, Columbus-Center, zur Verfügung.

Sport
Sportveranstaltungen finden statt in der Walter-Kolb-Halle, in der Oscar-Drees-Halle (Geestemünde), im Nordsee-Stadion (Speckenbüttel) und in der Stadthalle am Wilhelm-Kaisen-Platz 1, wo 5000

Plätze für Sport- und Musikveranstaltungen zur Verfügung stehen.

Eislaufen in der Stadthalle (Sept.–April), Tennisplätze und Rollschuhbahnen im Bürgerpark; Jachthäfen an der Kaistraße und im Luneorthafen.

Stadtrundfahrten
Bus-City-Touren durch die Häfen (90–100 Min.), Abfahrten stündlich (außer Mo) vom DEBEG-Haus am Neuen Hafen. Voranmeldung Bremerhavener Beschäftigungsgesellschaft, Tel. 4 75 31 oder 93 15 80 (im Winter). *Hafenrundfahrten* Überseehafen (80 Min.), Tel. 41 58 50; Fischereihafen, Tel. 6 60 11; *Weserfahrten des Sea-Liners MS „Mecki"*, Tel. 4 77-15 00. *Rundflüge* über Bremerhaven tägl. vom Flugplatz Luneort, Tel. 7 26 42.

Taxis
Taxi Lloyd GmbH & Co, Deichstr. 70, Tel. 4 00 04. Standplätze im gesamten Stadtgebiet.

Theater
Stadttheater, Theodor-Heuss-Platz, Theaterkasse Tel. 4 90 01. Großes Haus mit 722 und Kleines Haus mit 122 Sitzplätzen für Oper, Operette, Schauspiel und Konzerte – *Niederdeutsche Bühne Waterkant* (gegr. 1920) spielt im Kleinen Haus. – *Stadthalle* → Sport.

Unterhaltung → Discotheken → Theater.

Unterkunft → Campingplatz → Jugendherberge → Hotels.

Verkehr
Omnibusse: 13 Linien innerhalb des Stadtgebietes; zum Columbusbahnhof ab Hafeneingang Nr. 14, zum Containerhafen ab Hafeneingang Nr. 12, zum Fischereihafen ab Weserlust Nr. 4, nach Speckenbüttel Nr. 2, 5, 9.

Zeitungen und Zeitschriften
Nordseezeitung (seit 1947; 1895 als *Nordwestdeutsche Zeitung* gegr.); *Umschau Seestadt Bremerhaven,* Monatsschrift mit Veranstaltungsprogramm.

GESCHICHTE UND GEGENWART

Das 1947 verliehene **Stadtwappen** zeigt eine rote bremische Kogge mit drei Segeln: im rot-weißen Segel ein rotes Kreuz und ein silberner Schlüssel, die alten Wappenzeichen von Bremerhaven; im blauen Segel ein goldener Anker für Geestemünde; im roten Segel für Lehe zwei gekreuzte silberne Sensenblätter. Im Wasser unten ein silberner Fisch, seit 1924 Bestandteil des Wappens der Stadt Wesermünde.

Partnerstädte Bremerhavens sind Cherbourg/Frankreich, Grimsby/England, Frederikshavn/Dänemark, Pori/Finnland, Szczecin (Stettin)/Polen und Kaliningrad (Königsberg)/Rußland.

Lage und Stadtbild. Bremerhaven (3 m), eine Stadt von rund 131 000 Einwohnern, bildet zusammen mit der Stadt Bremen das Bundesland „Freie Hansestadt Bremen". 66 km von Bremen entfernt liegt es am Beginn des 15 km langen, bis 10 km breiten Mündungstrichters der Weser, die hier von Osten her die windungsreiche Geeste aufnimmt.

Das Stadtgebiet ist von Süden nach Norden 15 km lang, 10 km entfallen auf das Hafengebiet; es erreicht aber nur eine durchschnittliche Breite von 5–7 km vom Weserufer bis auf die Geest, über die die neue Autobahn hinwegzieht. Ganz im Süden an der Alten Weser liegt *Wulsdorf,* das schon 1139 erwähnt und 1920 eingemeindet wurde. Nördlich davon erstreckt sich *Geestemünde* mit den Fischereihäfen. Zwischen den Schlingen der Geeste und dem Weserufer erstreckt sich nach Nordwesten der Stadtteil *Mitte* mit den Hauptgeschäftsstraßen sowie den älteren Hafenbecken. Von der Geeste nach Norden zieht sich die große Wohnstadt *Lehe* auf einem sandigen Geestausläufer im Marschgebiet hin, wobei die Weserfront von den großen Überseehäfen eingenommen wird. Infolge der Entstehung aus drei verschiedenen Siedlungszellen verfügt die „Drei-Städte-Stadt" nicht über ein dominierendes Stadtzentrum.

Container-Kreuz

Freilichtmuseum Speckenbüttel

Cuxhaven

zur Autobahn

Bremen, Stade

Mairs Geographischer Verlag Stuttgart

Wirtschaftsleben. Die Dynamik der großen Häfen bestimmt das städtische Wirtschaftsleben. Bedeutung haben vor allem die Überseehäfen für Fracht- und Passagierschiffe, mit der Columbuskaje, dem Containerterminal „Wilhelm Kaisen" und der Erzverladeanlage „Weserport". Der Fischereihafen südlich der Geeste gehört zu den größten des Kontinents. In der Industrie spielen mehrere Schiffswerften, die feinmechanische Industrie für nautische Instrumente und Radioapparate sowie die fischverarbeitende Industrie die Hauptrolle. Wegen des Tidenhubs von ca. 3,6 m sind einige Häfen als Dockhäfen angelegt und nur durch Schleusen zugänglich.

Kulturelles Leben. Zahlreich sind die der Schiffahrt und Meereskunde dienenden Einrichtungen: das Wasser- und Schiffahrtsamt, das Hansestadt Bremische Amt, das Staatliche Veterinäramt, die Hochschule Bremerhaven, das Alfred-Wegener-Institut für Polar- und Meeresforschung. Naturgemäß sind auch die Museen dem Meer zugewandt: das Deutsche Schiffahrtsmuseum, das Nordsee-Museum und das Nordseeaquarium mit dem Zoo am Meer; Stadt und Landschaft werden durch das Morgensternmuseum und das Freilichtmuseum Speckenbüttel repräsentiert. Die Volkshochschule Bremerhaven befindet sich im Schillerhaus, Lloydstraße 15.

Stadtgeschichte

13.–18. Jahrhundert. Weit älter als Bremerhaven ist sein heutiger Stadtteil Lehe, der auf einem Geestausläufer zur Geeste hin entstanden war und schon um 1200 eine steinerne Dorfkirche besaß. 1399 stellte es sich unter den Schutz des Erzbischofs von Bremen, der in „Bremerlehe" an der Geestemündung eine Burg erbaute. Um 1500 wurde der Ort befestigt, ging aber schließlich nach 250 Jahren bremischer Herrschaft im Stader Vertrag an die Schweden über. Der Versuch des Königs Karl XI., hier 1672 die befestigte Hafenstadt Karlsburg aufzubauen, um den Bremer Handel an sich zu ziehen, mißlang; der Ort fiel 1715 an Hannover.

1800–1870. Nach vergeblichen Projekten Hannovers um 1780 und 1819 gelang schließlich dem Bremer Bürgermeister Johann Smidt (1773–1857) 1827 der Erwerb von 89 ha sumpfigem Außendeichsland der Gemarkung Lehe für 73 658 Taler. Mit dieser Gründung Bremerhavens gewann Bremen, das wegen der Weserversandung als Seehafen auszuscheiden drohte, mit einem neuen Vorhafen seine Stellung in der Seefahrt zurück. Der holländische Wasserbaumeister J. J. van Ronzelen erbaute 1827–30 den ersten Hafen (heute Alter Hafen) und an 231 Bürger wurden Baugrundstücke vergeben, 1830–34 wurde an der Geestemündung das Fort „Wilhelm“ errichtet. Schon 1835, besonders aber nach Eintreffen des ersten Postliniendampfers „Washington“ aus USA 1847, begann die Blütezeit Bremerhavens als „Brücke nach Übersee“ für Auswanderer, Touristen und Frachten. 1851 erhielt Bremerhaven Stadtrechte und eröffnete den weit größeren „Neuen Hafen“. Die kurzlebige Kriegsflotte des Deutschen Bundes hatte 1849–52 hier ihren Hafen. Der 1857 in Bremen gegründete „Norddeutsche Lloyd“ benutzte Bremerhaven als seinen Haupthafen. 1858 eröffnete die „Bremen“ (2674 BRT) den Liniendienst nach New York.

Hannover hatte 1845 durch Gründung der Hafenstadt Geestemünde auf der Feldmark von „Geestendorf“ einen Gegenzug unternommen und 1857–63 einen Handelshafen angelegt. Als Anlaufstelle für die Fischerei, für Reis- und Holzimporte und die amerikanischen Petroleumclipper sowie auch als Standort für Werften (Rickmers, Seebeck) brachte er der Stadt bald den Aufschwung. 1862 nahm die „Geestebahn“ nach Bremen ihren Verkehr auf, 1885 lief der erste Hochseefischdampfer aus, 1888 begannen die Fischauktionen.

Seit 1870. In den Jahrzehnten von 1870, als die Stadt bereits 10 000 Einwohner hatte, bis 1914 wurden neue Hafenbecken angelegt und das Hafengebiet wurde vergrößert, doch gewann Bremen selbst durch die Weserkorrektion 1887–94 wieder die Führung in der Seefahrt zurück.

War die Entwicklung der Stadt zudem durch mancherlei alte Bau und Industrie treffende Restriktionen behindert, so bescherte das Jahr 1924 endlich die Vereinigung von Geestemünde und Lehe zur preußischen Stadt Wesermünde, der 1939 schließlich auch Bremerhaven eingegliedert wurde, wobei die stadteigenen Bremer Überseehäfen aber selbständig blieben. Diese Großstadt wurde 1944 in ihrem Zentrum zu 97% zerstört, nur die Häfen blieben gut erhalten. Von 1945 an wurde sie zum amerikanischen Nachschubhafen inmitten der britischen Besatzungszone ausgebaut, und schließlich wurde 1949 das Bundesland Bremen geschaffen, dem die gesamte Stadt Wesermünde unter dem Namen Bremerhaven eingegliedert wurde. Der Wiederaufbau war 1958 weitgehend beendet.

1971 wurde der Grundstein des Deutschen Schiffahrtsmuseums gelegt. 1971/72 der große Containerhafen ausgebaut, der heute der größte Container-Terminal Europas ist. 1977 wurde der Anschluß Bremerhavens an die Autobahn (A 27) fertiggestellt.

STADTBESCHREIBUNG

Stadtbesichtigung 1: Bremerhaven südlich der Geeste

Das Verkehrszentrum von Geestemünde ist der *Elbinger Platz,* benannt nach dem westpreußischen Elbing, das Bremerhavener Patenstadt ist. Von hier strahlen Straßen zum Bahnhof, zum Fischereihafen, zum Überseehafen und nach Lehe aus. An ihn grenzt westlich der kleine *Jachthafen,* Liegeplatz zahlreicher Jachten und Segelboote. Vom Jachthafen zieht sich der *Hauptkanal* westwärts zum Handelshafen. Seinem Südufer folgt die kurze Kaistraße.

An ihrem Ende führt eine Brücke über den Hauptkanal zum *Berliner Platz,* in dessen Nähe öffentliche Gebäude wie Allgemeine Ortskrankenkasse und Weser-Jacht-Club liegen. Durch die Bülowstraße gelangt man an die Mündung der Geeste, an deren Südufer hier das Fährhaus (Abfahrtsstelle der Weserfähre) und die Hochschule Bremerhaven stehen. Von hier führt die Bussestraße südlich am Nothafen entlang zum **Nordsee-Museum,** der Schausammlung des 1919 gegründeten *Instituts für Meeresforschung* (heute *Alfred-Wegener-Institut*), das am Westufer des Handelhafens (s. unten) liegt. Das 1952 neu aufgebaute Museum gibt einen Einblick in die Vielfältigkeit des Lebens im Meer. In dem großen Saal findet man Delphine, Robben, Seevögel, Reptilien, Fische, Krebse, Schnecken, Muscheln, Korallen und Schwämme. Die *Nordsee-Sammlung* zeigt Tiere und Pflanzen zwischen Nordseeküste und den isländischen Gewässern. Besonders hervorzuheben sind das Skelett eines Finnwales und die Tiefseefische (Öffnungszeiten → S. 98).

Zwischen dem Nothafen und den Fischereihäfen führen zwei Brücken (Schleusentore) über die 100 m lange **Doppelschleuse** (1925), die den Fischereihafen flutfrei macht. Die ein- und ausfahrenden Schiffe überwinden in ihr eine Wasserstandsdifferenz bis zu 3,6 Metern. Jenseits der Schleusen die Wetterwarte und der Seedeich, an dessen Nordspitze ein Leuchtturm die Geestemündung bezeichnet.

Den Südwesten des Stadtteils Geestemünde nimmt der **Fischereihafen** ein, der 2,5 km lang, 1,2 km breit ist und 700 ha umfaßt. Er ist einer der größten des Kontinents. Die mit Fischfabrikschiffen, Trawlern, Motorkuttern und Loggern angelandeten Fänge kommen aus Nordsee und Nordmeer, aus dem Nordwestatlantik und von den Fischplätzen vor Südafrika und Südamerika. Die hier

ansässigen Be- und Verarbeitungsbetriebe versenden Frischfisch, Frostfisch, Räucherwaren, Marinaden, Vollkonserven, Salzheringe. Hinzu kommen Nebenindustrien wie Netzmachereien, Eisfabriken, Essig- und Blechdosenfabriken, Schiffsausrüster, Reparaturwerften, Maklerfirmen, Bunkerstationen und Fischmehlfabriken. Hinter der Doppelschleuse liegt der *Schleusenhafen* (1922–25). Von ihm geht es ostwärts zum einstigen *Handelshafen* (1857–63), der jetzt der Seebeck-Werft als Werfthafen dient. Einst wurde er von Hannover als Konkurrenz zu Bremerhaven angelegt und im Süden durch einen Petroleumhafen (1873) ergänzt, der bis 1891 Deutschlands Haupthafen für die US-Petroleumclipper war. Vom Schleusenhafen nach Süden gehen ab: der Fischereihafen I (1896), Liege- und Ausrüstungsplatz der Kutterflotte, und der größere Fischereihafen II (1924–28). An seinem 1500 m langen Kai liegen die drei großen Auktionshallen, in denen bei Frischfischanlandungen ***Fischauktionen** stattfinden. Interessant ist auch das Löschen (Entladen) der einlaufenden Fischdampfer am Abend. Zwischen den beiden Hafenbecken liegt der Bhf. Fischereihafen mit 18 Gleisen. Ferner hier das Hafenkühlhaus (1962) und die 11 Packhallen, in die die schon an Bord bearbeiteten Fische wandern. Besuchenswert das *Fischereihafen-Restaurant*. Am Jachthafen ist der *Leuchtturm Brinkamahof*, der dem Container-Terminal weichen mußte, wieder aufgebaut. Schöner Blick über die Hafenanlagen von der Plattform. Maritime Attraktion im alten Fischereihafen ist das **„Schaufenster Fischereihafen“**. Hier können Besucher alles rund um den Fisch erfahren. Es gibt eine Fischräucherei, Fischrestaurants und den Seitenfänger „Gera“. Zudem kann man bei der Verarbeitung zusehen.

Lohnende Wanderung auf dem Seedeich von der Doppelschleuse 3 km weit südwärts zum Neuen Lunesiel. Dann weiter zum Flugplatz Luneort, für Motor- und Segelflieger. Rundflüge über Bremerhaven. Und über die Alte Weser zur Omnibushaltestelle der Linie 5 an der B 6 in Wulsdorf.

Vom Elbinger Platz (→ S. 105) führt die Bismarckstraße ostwärts, an einem *Schmuckbecken*, dem Rest des 1877 angelegten, 1935 zugeschütteten Holzhafens, vorüber zu Hauptbahnhof und Hauptpost. Unter der Bahnlinie hindurch erreicht man nach weiteren 400 m den großen, gepflegten **Bürgerpark** (1907–08), der in einem 2 km langen Kreis vom Adolf-Hoff-Weg umspannt wird. In seinem Südostteil der Sendeturm des Rundfunks und die Waldschenke.

Stadtbesichtigung 2: Bremerhaven nördlich der Geeste

Nördlich der Geeste präsentiert sich ein einmaliges Ensemble von technischen Denkmälern der Schiffahrtsgeschichte des 19. und 20. Jhs. Alle Brücken lassen sich klappen oder drehen, um größeren Schiffen die Durchfahrt zu ermöglichen. Vom Elbinger Platz (→ S. 105) ausgehend überschreitet die Columbus-Straße nach 500 m auf der *Kennedy-Brücke,* einer 1962 erbauten Klappbrücke, die Geeste 700 m vor der Mündung in die Weser. Unter ihr befindet sich ein *Sturmflut-Sperrwerk.* Von der Brücke blickt man auf den Tonnenhof des Wasser- und Schiffahrtsamtes mit den Liegeplätzen für Rettungskreuzer, Feuerlöschboot und Tonnenleger. 200 m flußaufwärts liegt die 1857 zuerst angelegte *Geestebrücke,* heute eine hohe grüne Drehbrücke von 1904, an deren Auffahrt ein *Denkmal* an den Reeder Friedrich Busse (1835–98) erinnert, der 1885 mit der „Sagitta" die deutsche Hochseefischerei begründete. Neben dem nördlichen Widerlager der Drehbrücke steht die 1977 von G. Marcks geschaffene Bronzeplastik „Fischadler".
Zwischen beiden Brücken befindet sich das *Morgenstern-Museum,* eine 1896 gegründete Sammlung zur Vorgeschichte, Volkskunde und Stadtgeschichte, die ihren Namen nach einer 1518 von den Friesen zerstörten erzbischöflichen Zwingburg trägt (→ S. 98). Das Museum ist in einem neuen Gebäude untergebracht.

Die Funde geben einen Querschnitt durch die Vor- und Frühgeschichte bis zum frühen Mittelalter des Gebietes zwischen Weser- und Elbemündung. Feuersteingeräte (um 1800 v. Chr.); Spuren friesischer Besiedlung (9.–8. Jh.); verzierte Urnen (350–550 n. Chr.); *Goldbrakteatenfund (goldenes Hängeschmuckstück um 600 n. Chr.); Wurtenhaus des 1./2. Jhs. n. Chr.
Volkskunde: Truhen, Schränke, Trachtenschmuck, Plattenöfen, Messing- und Zinnarbeiten, Töpferei der Marsch- und Geestlandschaften.
Die Stadtgeschichte wird durch mittelalterliche Funde, Modelle und Erinnerungsstücke aus der Entwicklung von Stadt und Häfen veranschaulicht.

Gegenüber, am anderen Geesteufer, ist das älteste in Deutschland erhaltene *Trockendock,* in dem seit 1845 Schiffe repariert wurden, in eine Grünanlage eingebettet. Hinter der Grünanlage steht das Hauptgebäude der *Hochschule Bremerhaven,* in dessen Neubau (eröffnet 1985) der Architekt Böhm die erhaltenen Teile des Auswandererhauses von 1849 mit einbezogen hat. In diesem Haus überbrückten einst bis zu 2000 Auswanderer die Zeit zwischen Ankunft in Bremerhaven und dem Auslaufen der Auswandererschiffe.
Die **Geeste,** die bei Bremervörde entspringt, fließt in ca. 8,7 km langem Lauf in drei großen Windungen durch die Bremerhavener Innenstadt der Weser zu. Über die nördlichste Schlaufe hinweg

erreicht der Autobahnzubringer die Innenstadt. Die 30 km lange Geeste ist ca. 26 km weit für Flußschiffe befahrbar und durch den Geestekanal mit der Elbe verbunden.

Jenseits der Kennedy-Brücke fährt man auf das markante, schiffsähnlich gebaute **Alfred-Wegener-Institut für Polar- und Meeresforschung** (eröffnet 1986; O. M. Ungers) zu. Im benachbarten Alten Stadtbad Mitte hat sich 1990 das **DesignLabor** Bremerhaven einquartiert. Das bundesweit einzigartige Modellprojekt dient der Förderung regionalen Designs. Gleich links führt eine Straße hinter dem Wasser- und Schiffahrtsamt (links) und der Hochschule Bremerhaven (rechts) hindurch zum **Radarturm** (112 m mit Antenne), der als Navigationshilfe in der Wesermündung dient. Er wurde 1963–65 über der Alten Schleuse, der zugeschütteten Einfahrt zum Alten Hafen, erbaut und ist das Kernstück der 60 km langen Radarkette der Außenweser. Von seiner Aussichtsplattform weite *Rundsicht über Stadt, Häfen und Weser. Rechts hinter dem Radarturm ist die *Tonnenhalle* mit ihrer wappengeschmückten Giebelwand als einziges Gebäude aus der Gründungszeit des Wasser- und Schiffahrtsamtes von 1876 erhalten geblieben. Die Wappen sind die der damaligen Anliegerstaaten der Weser Freie Hansestadt Bremen, Königreich Preußen und Großherzogtum Oldenburg. Vor der Tonnenhalle endet heute der 1827–30 gebaute Vorhafen des Alten Hafens, in dem die Segelschiffe vor dem Durchschleusen einen sicheren Liegeplatz fanden. Bei Ebbe sieht man die Pfahlgründungen für die Kaimauer aus Ziegelstein. Für dieses Bauwerk hat Hafenbaudirektor J. J. van Ronzelen 1852 erstmals den nach ihm benannten Schrägpfahl verwendet, mit dem der Erddruck besser abgefangen werden konnte als mit senkrechten Pfählen. In den Grünanlagen zu Füßen des Radarturms der „Klabautermann-Brunnen“ (J. H. Pagels; 1911/12) und das Atelier des Malers Paul Ernst Wilke (1894–1971), das die Stadt jetzt Künstlern für zeitweiligen Aufenthalt zur Verfügung stellt. – An der Landspitze der Geestemündung das sandreiche Weserbad (nur noch Sonnenbaden), das *Lotsenhaus* und der *Wasserstandsanzeiger,* der am Tage durch Bälle und Kegel, bei Nacht durch Lichter den Wasserstand in der hier 1800 m breiten Weser anzeigte (heute Kulturdenkmal). Die Mole mit Leuchtturm wurde 1914 erbaut.

Zwischen dem Weserdeich und dem Alten Hafen befindet sich das 1971 gegründete und 1975 eröffnete ***Deutsche Schiffahrtsmuseum,** das aus einem Hauptgebäude mit Schausammlungen, der Bootshalle, dem Freigelände und dem Museumshafen besteht. Es hat die Aufgabe, die deutsche Schiffahrtsgeschichte in all ihren Aspekten von den Anfängen bis zur Gegenwart zu erforschen und darzustellen. Diese Aufgabe erfüllt das Museum durch ständige und wechselnde Ausstellungen, Veröffentlichungen und museumspädagogische Angebote, aber auch durch Bibliothek, Archiv, Werkstätten und Magazine. Ein Café mit Blick auf die Außenweser steht für Pausen zur Verfügung. Vorgänger des Museums war das 1944 durch Bomben zerstörte „Museum für Meereskunde" in Berlin (Öffnungszeiten → S. 98). Der 117 m lange Bau ist das letzte Werk des Bremerhavener Architekten Hans Scharoun und bietet in seiner lebhaften Gliederung von jeder Seite einen interessanten Anblick. Die Außenwände sind zumeist mit grauweißen Klinkern verkleidet, unterbrochen von großen Glasflächen.

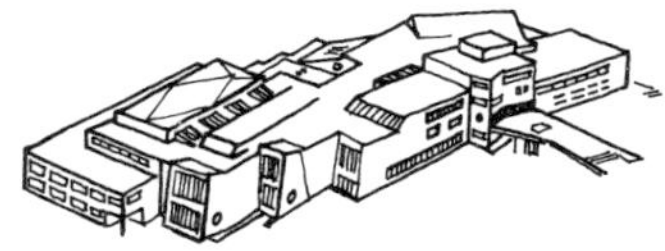

Die *historischen Sammlungen* im Hauptgebäude geben einen Überblick über mehr als 10 000 Jahre Schiffahrtsgeschichte – von der Vorgeschichte bis zum 20. Jh. Hervorzuheben sind der Rammsporn eine römischen Kriegsschiffes, die Bremer Hansekogge von 1380, die Stube eines Walfangkommandeurs (um 1780) sowie ein Hafendiorama und ein Werftkontor (um 1865). Das 20. Jh. ist mit Passagierschiffs-Einrichtungen und dem Reaktorleitstand des Atomschiffes „Otto Hahn" (1967) vertreten. – Die Abteilungen *Schiffahrtswege,* (Augsburger Schiffsglobus von 1715, Optik des Leuchtturms „Hoher Weg" von 1855), *Marine* (Goldene Galionsfigur von SMS Deutschland von 1904, Klein-U-Boot Typ Seehund von 1944/45), *Wassersport* (Weltmeisterschafts-Finndingi von 1966/67) ergänzen die chronologisch aufgebaute Schausammlung. Die *Schatzkammer* zeigt Münzen und Medaillen mit Schiffsdarstellungen von der Antike bis zur Gegenwart und das Tischsilber der Bremer Schaffermahlzeit (→ S. 19). In der *Bootshalle* sind Fischer-, Rettungs- und Sportboote des 20. Jhs. ausgestellt.

Im Gegensatz zu vielen anderen zeigt das Deutsche Schiffahrtsmuseum zahlreiche Originalfahrzeuge, derzeit über hundert, daneben aber auch Modelle, Objekte und Bilder. Zahlreiche Werke bekannter Marinemaler sind hier zu finden. Prunkstück der Abteilung Mittelalter ist die ****Bremer Hansekogge** von 1380. Das aus Eichenholz erbaute Schiff wurde 1962–65 aus der Weser geborgen und in mehrjähriger Arbeit aus etwa 2000 Einzelteilen wieder zusammengesetzt. Zu besichtigen ist die Kogge heute in einem stählernen Konservierungsbecken. Mit einer Länge von 23,5 m, einer Breite von 7,6 m und einer Höhe von 7,5 m bot die Hansekogge Platz für 12–20 Mann und trug bis 80 t Last. Dieser Schiffstyp war entscheidend für den Aufstieg der Hanse in Nordeuropa. Gefunden wurde das werftneue Schiff 1962 bei Baggerarbeiten in der Einfahrt zum Bremer Europahafen. 1990 wurde beim Ausschachten in der Bremer Innenstadt ein Flußfrachtschiff aus karolingischer Zeit gefunden und ins Schiffahrtsmuseum gebracht. – Zwischen der Kogge und der östlichen Fensterfront des Koggehauses werden in mehrjähriger Arbeit die inzwischen ausgegrabenen und konservierten Binnenschiffe des Mittelalters zu einem mittelalterlichen Flußhafen mit den dafür typischen Einrichtungen zusammengestellt.

Unter den über 500 ausgestellten **Schiffsmodellen* sind die kurbrandenburgischen Schiffe der Zeit um 1675 ebenso vertreten wie die schlanken Klipper des 19. Jhs. und die stählernen Vier- und Fünfmaster der Zeit um 1900, die auf einigen Strecken noch erfolgreich mit den Dampfern konkurrierten. Die Modelle der Fischereifahrzeuge werden beim Fang mit dem zugehörigen Netzwerk gezeigt. Einige Modelle der Auswanderer-Segler, Passagierdampfer und Frachter sind so

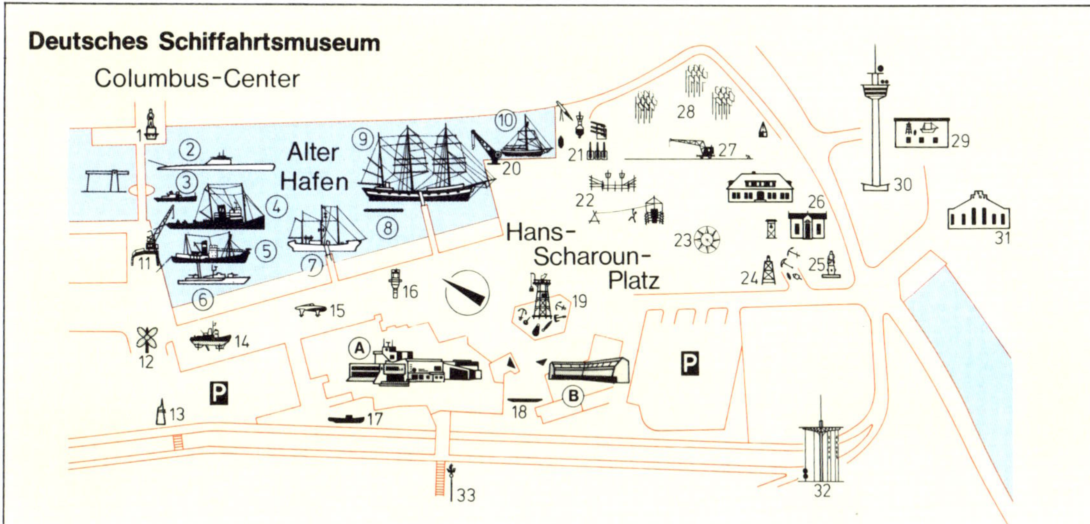

Mit freundlicher Genehmigung des Deutschen Schiffahrtsmuseums

A Deutsches Schiffahrtsmuseum
B Bootshalle

1 Columbus-Denkmal von L. Habich (1896)
2 Technikmuseum U-Boot „Wilhelm Bauer“ (1945)
3 Binnenmotorschlepper „Helmut“ (1923)
4 Hochseebergungsschlepper „Seefalke“ (1924)
5 Walfangdampfer „Rau IX“ (1939)
6 Schnellboot „Kranich“ (1958)
7 Feuerschiff „Elbe 3“ (1909)
8 Frankenwald-Floß (1985)
9 Bark „Seute Deern“ (Nachbau 1919)
10 Polarforschungsschiff „Grönland“ (1867)
11 Elektrischer Drehwippkran (1927)
12 Schiffsschraube
13 Schornstein/Atomschiff „Otto Hahn“ (1968)
14 Wassertrecker „Stier“ (1954)
15 Tragflächenboot „WSS 10“ (1953)
16 Laterne/Feuerschiff „Fehmarnbelt“ um 1950
17 Betonschiff „Paul Kossel“ (1920)
18 Wagenfähre aus Pleinting/Donau (1954)
19 Feuerblüse von Neuwerk (1751); Tonnen, Anker
20 Eisener Handkurbelkran (um 1865)
21 Tonnen und Schiffsgeschütze
22 Seeräuberspielplatz
23 Kompaßrose
24 Unterfeuer von Sandstedt/Unterweser (1898)
25 Klabautermann-Brunnen (J. H. Pagels; 1911/12)
26 Hafenglocke und Zollhaus (1897)
27 Dampfkran (1943)
28 Reedereiflaggen
29 Wasser- und Schiffahrtsamt
30 Radar mit Aussichtskanzel (1965)
31 Tonnenhalle
32 Wasserstandsanzeiger (1903)
33 Sturmflutsäule

aufgeschnitten, daß sie dem Besucher faszinierende Blicke ins Innere erlauben. Die Modelle der modernen Frachter und Kreuzreiseschiffe können in einem großen Wasserbecken ferngelenkt werden. – Zahlreiche Gemälde, Graphiken und Fotos sowie Geräte von Bord ergänzen diese in ihrer Vielfalt einmalige Darstellung der gesamten deutschen Schiffahrtsgeschichte.

Der ***Alte Hafen,** der heute zum Deutschen Schiffahrtsmuseum gehört, ist 1827–30 als erstes Hafenbecken Bremerhavens angelegt worden. Er diente erst als Handelshafen, dann als Auswandererhafen und zuletzt als Fischereihafen. 1965 wurde er zur Hälfte mitsamt seiner Schleuse zur Geeste hin zugeschüttet und ist so nur noch 500 m statt 750 m lang. Eine Reihe alter Schiffstypen liegen dort vor Anker.

1. Die **Seute Deern** ist als einziger hölzerner Großsegler des Kontinents das Flaggschiff des Deutschen Schiffahrtsmuseums. Das 75 m lange Segelschiff von 813 BRT mit drei etwa 40 m hohen Masten hat seinen jetzigen Namen von der Galionsfigur am Bug. Im Jahre 1919 ist es in den USA als Viermastschoner aus Pechkiefernholz gebaut worden und hat unter dem Namen Elizabeth im Dienste einer amerikanischen Reederei die Weltmeere befahren. Ende 1938 kaufte der Reeder Eßberger das Schiff, ließ es bei Blohm & Voss zu einer Dreimastbark umbauen und verwendete es als Schulschiff auf der Ostsee und später in der Linienfahrt nach Skandinavien. 1945 floh die Seute Deern aus der Greifswalder Bucht und wurde 1948 in Hamburg zum Hotelschiff umgebaut. Die Kapitänskajüte ist noch unverändert erhalten. Restaurant im Laderaum.

2. Die **Grönland** war das Schiff der ersten deutschen Polarexpedition von 1868. Die 19 m lange nordische Jacht hat einen Mast und sechs Segel. Bis 1971 war sie in der norwegischen Küstenfahrt tätig und ist das älteste noch fahrtüchtige deutsche Seeschiff.

3. Die **Elbe 3,** ein rotgestrichenes Feuerschiff mit Stahlrumpf, wurde 1909 auf der Eiderwerft in Tönning als reines Segelschiff mit 3 Masten erbaut, diente bis 1914 als Eider-Feuerschiff, 1914–18 als Sperrfeuerschiff, 1918–66 als Stammfeuerschiff der Position Elbe 3. Mit Ausstellungsraum.

4. Die **Rau IX** ist ein in Bremerhaven 1939 erbauter Walfangdampfer von 380 BRT, der zusammen mit 10 anderen Waljägern und mit einem Mutterschiff auf Fang ging, dann aber als U-Boot-Jäger, Vorpostenboot und Minensucher diente. 1948–68 fuhr Rau IX in norwegischen Diensten. Im Ausstellungsraum Objekte zum Walfang.

5. Der **Seefalke** ist ein Bergungsschlepper (619 BRT), der 1924 auf der Tecklenborg-Werft erbaut wurde und bis 1970 viele große Bergungen ausführte. 1945 wurde das Schiff im Kieler Hafen durch Bomben versenkt, jedoch heimlich geborgen und 1950 wieder flottgemacht.

6. Die **Helmut** wurde 1923 als einer der ersten Motorschlepper für Binnengewässer in Breslau gebaut und 1928–45 von Tilsit aus zum Schleppen von Flößen

auf der Memel eingesetzt. 1945–86 tat das Schiff von Hamburg aus auf der Elbe und im Hafen Dienst.

7. Die **Kranich** ist ein Schnellboot der Bundeswehr vom Typ Jaguar, das 1957 bei der Lürssenwerft gebaut und 1973 wegen der Umstellung auf Lenkwaffen ausgemustert wurde.

8. Das **Technikmuseum U-Boot „Wilhelm Bauer“** e.V. ist ein eigenes schwimmendes Museum. Besichtigt werden kann der einzige erhaltene Vertreter des berühmten U-Boot-Typs XXI von außen und innen. Es war das erste U-Boot, das während seines gesamten Einsatzes unter Wasser fahren konnte und dort auch schneller war als über Wasser.

Einige Wasserfahrzeuge des Deutschen Schiffahrtsmuseums wurden an Land aufgestellt, damit man ihre Besonderheiten besser sehen kann.

9. Der kleine nur 14,30 m lange Hafenschlepper **Paul Kossel** wurde 1920 als erstes motorisiertes Betonschiff Deutschlands in Bremen erbaut und war bis 1947 auf Fahrt, zuletzt als Fischereifahrzeug.

10. Der Hafenschlepper **Stier** ist auf der Jadewerft in Wilhelmhaven als erster sog. Wassertrecker gebaut worden. Statt der bis dahin üblichen Schraube hat er unter dem vorderen Teil zwei Voith-Schneider-Propeller, mit deren Hilfe gleichzeitig gesteuert wird, so daß der Schlepper auf der Stelle drehen kann und außerordentlich gute Schleppeigenschaften hat.

11. An dem Tragflächenboot **WSS 10** hat der Hamburger Ingenieur F.M. Wendel 1953 erstmals an einem Schiff das vom Flugzeug bekannte Prinzip der Tragflügel angewendet, die unter Wasser unabhängig von den Wellen dahingleiten. Die Zugpropeller geben dem 9,20 m langen Boot eine Geschwindigkeit von 25 kn (= 48,2 km).

12. Die letzte **hölzerne Wagenfähre** der Bundesrepublik war von 1954 bis 1970 bei Pleinting in der Nähe von Passau auf der Donau im Einsatz. Im Gegensatz zu den hochbordigen hölzernen Seeschiffen im Museumshafen hat diese 16,3 m lange Fähre den flachen Boden hölzerner Binnenschiffe und den typischen geringen Tiefgang von nur 52 cm,

Am Ostufer des Alten Hafens wurde 1978 das aus drei Hochhäusern bestehende *Columbus-Center* fertiggestellt. Auf der Terrasse vor dem Center das lebensgroße Bronzestandbild des Columbus (Prof. Ludwig Habich; 1896); herrlicher Rundblick über Museumshafen und Außenweser.

Im Hafenteil nördlich der Holländer-Klappbrücke haben die in Privatbesitz befindlichen hölzernen und stählernen Küstensegler der Schiffergilde Bremerhaven ihre Liegeplätze. Die großen Gittertore sind tagsüber geöffnet, so daß man die Schiffe von der Kaje aus betrachten kann. Die schmale Kaje mit den niedrigen Verteilerschuppen und den landseitig anschließenden Eisenbahngleisen war 1862 der erste Eisenbahnanschluß eines deutschen Seehafens. Die im Zweiten Weltkrieg ausgebrannten Schuppen sind auf den alten Fundamenten in moderner Bauweise wieder errichtet worden. Am Nordende des Alten Hafens überbrücken zwei Klappbrücken mit außen sichtbarem Klappmechanismus die 1928 hergestellte Durchfahrt zum Neuen Hafen. Die drei Maschinenhäuser sind markante technische Klinkerbauten der zwanziger Jahre. In dem daneben stehenden Hafenhaus von 1898 untersucht das Seeamt Unfälle, die auf See geschahen (z. B. Zusammenstöße und Strandungen.).

Vom Schiffahrtsmuseum gelangt man auf dem 800 m langen Weserdeich zum **Zoo am Meer mit Nordsee-Aquarium.** Besonders eindrucksvoll die Eisbären, die Robben, die Schnee-Eulen und die **Fliegenden Hunde,* sowie Uhu, Puma, Biber und eine 4,5 m lange, 60 kg schwere Anakonda. Eine „Heulerstation" beherbergt elternlos gefundene Robbenkinder. Das dazugehörige Nordsee-Aquarium ist seit 1960 auf 30 Schaubecken angewachsen, in denen vor allem alle jene Meeresfische gehalten werden, die im Fischereihafen gehandelt oder verarbeitet werden. So sieht man in echtem Nordseewasser den Kabeljau (Dorsch), dessen Bestand sich durch die modernen Fangweisen stark vermindert hat, und den empfindlichen Hering, der hier nur klein bleibt und sich vom Schwarmfisch zum Einzelfisch wandelt. Außer Stör, Scholle, Katfisch, Seespinne, Seewolf und Muscheln findet man auch vielerlei Flußfische (Öffnungszeiten → S. 98).

Die Hauptachse der Innenstadt, die sich zwischen Weser und Geeste nach Norden hinzieht, ist die schnurgerade und sehr lange *Bürgermeister-Smidt-Straße,* kurz „Bürger" genannt. An ihrem Anfang liegt als einstiger Marktplatz der *Theodor-Heuss-Platz,* auf dem ein Bronzestandbild an den Stadtgründer Bürgermeister Johann Smidt (1888; W. Stein) erinnert; am Marmorsockel sitzend Bronzefiguren eines Fischers und eines Kauffahrers. Hier steht das 1911 im Jugendstil erbaute **Stadttheater,** das nach der Zerstörung 1952 wieder eröffnet wurde und das das Große und das Kleine Haus umfaßt. – Die **Kunsthalle** (1964) besitzt eine Gemäldesammlung, in der auch monatlich wechselnde Ausstellungen moderner Kunst stattfinden, veranstaltet vom 1886 gegründeten Kunstverein (Öffnungszeiten → S. 98). Weiter östlich, jenseits der Fährstraße, die Stadtwerke sowie das blau-silberne Gebäude der *Stadtbibliothek.*

Die in einer Grünanlage stehende **Bürgermeister-Smidt-Gedächtniskirche** wurde 1853–55 in neugotischen Formen erbaut, ihr durchbrochener Turmhelm dem des Freiburger Münsters nachempfunden. Der Kirchenraum wurde nach der Kriegszerstörung in modernen Formen neu gestaltet. 800 m weiter nördlich berührt die Bgm.-Smidt-Straße den Bgm.-Martin-Donandt-Platz, um den die ev. *Kreuzkirche* und ein Krankenhaus liegen. Dann führt sie noch weitere 1000 m bis zum Zollamt am Eingang zum Freihafengebiet. Zu ihrer Rechten liegen die 1970 erbaute große *Walter-Kolb-Halle,* die Sporthalle Rotersand und Fußballplätze.

Stadtbesichtigung 3: Die Überseehäfen

Die Häfen Bremerhavens für den Fracht- und Passagierverkehr erstrecken sich von der Geestemündung mehr als 5 km weit nach Nordwesten und umfassen 9 Becken. Der *Alte Hafen* (→ S. 111) dient den historischen Schiffen des Schiffahrtsmuseums als Liegeplatz. Der hinter ihm liegende *Neue Hafen* (1847–52) wird von der Sport- und Binnenschiffahrt benützt.

Das stadtbremische Überseehafengebiet (etwa 900 ha) umfaßt im Zollausschlußgebiet die Kaiserhäfen II und III, den Verbindungshafen mit Dockvorhafen, das Wendebecken hinter der Nordschleuse, den Nordhafen, den Osthafen und die Columbuskaje.

Die Häfen von Bremerhaven

Alter Hafen	1827–30	Kaiserhafen III	1907–09
Neuer Hafen	1847–52	Verbindungshafen	1908–16
Handelshafen	1857–63	Geestehafen	1921–25
Jachthafen	1862	Schleusenhafen	1922–25
Kaiserhafen I	1872–76	Fischereihafen II	1924–28
Petroleumhafen	1873	Nordschleuse	1927–31
Holzhafen	1877–78	Nordhafen	1959
Fischereihafen I	1896	Osthafen	1961–70
Kaiserhafen II	1906–07	Container-Terminal	1970–82

Zu Fuß beginnt man die Besichtigung der Überseehäfen an der Strandhalle. Dort erinnert an der im Kriege zugeschütteten Schleuse zum Neuen Hafen eine Gedenktafel an die sog. Thomas-Katastrophe von 1875, bei der eine Höllenmaschine, die ein Versicherungsschwindler auf den Lloyddampfer „Mosel“ bringen wollte, auf dem Kai losging und 81 Menschen tötete. – Der rote, weithin sichtbare **Große (Alte) Leuchtturm** (37 m) ist 1854 von S. Loschen, der auch die Große Kirche errichtet hat, in neugotischem Stil erbaut worden. Er dient als „Bremer Oberfeuer“ heute noch der Schiffahrt, zusammen mit dem „Unterfeuer“, der Leuchtbake bei dem Zoo am Meer.

Nach weiteren 1000 m auf der Deichpromenade die ebenfalls zugeschüttete Alte Kaiserschleuse. Dann erreicht man die 1897 angelegte Neue Kaiserschleuse, die 222 m lang und 45 m breit ist und bei ihrer Eröffnung die größte der Welt war. Über die Schleusenbrücke hinweg (Zollposten) erreicht man die Columbuskaje.

Die **Columbuskaje** ist 1924–28 als Anlegekai für die großen Überseeschiffe erbaut worden. Da Fluglinien jedoch im Linienverkehr die Passagierschiffe weitgehend überflüssig gemacht haben, werden die Anlagen jetzt von Ferien- und Kreuzfahrtschiffen genutzt. Auf einem Teil der alten Fahrgastanlage wurde ein *Stückgut-Terminal* eingerichtet mit Hallen, in denen jährlich 812 000 t Güter konventionell direkt am Strom umgeschlagen werden. Aus der Zeit der großen Auswanderungen im 19. Jahrhundert ist dem Kai der Name „Kaje der Tränen“ geblieben.

Während der Saison ist hier auch der Anlegeplatz des Seebäderschiffes, das täglich nach Helgoland fährt.

Die Kaiserschleuse vermittelt den Zugang zu fünf Häfen. Der *Kaiserhafen I* (1872–76) ist heute vorwiegend Marinefahrzeugen vorbehalten. Die *Kaiserhäfen II und III* (1906–09) mit ihren sieben großen Lagerschuppen wickeln den Stückgutverkehr mit Übersee ab. Am Bananenschuppen 6 Elevatoren mit einem Jahresumschlag von 600 000 t. Der Dockvorhafen vermittelt den Zugang zu den riesigen *Kaiserdocks I und II* der Lloyd-Werft, die Schiffe von 25 000 bzw. 75 000 BRT aufnehmen können. An dem langen Verbindungshafen (1908–16) liegt u. a. die große Ölumschlaganlage der Esso mit ihren Tankreihen (96 000 m³). Am Nordende des Verbindungshafens führt die größte *Drehbrücke* Europas (1931) Straße und Schiene zum Columbushafen hinüber.

Noch weiter nördlich liegt eine dritte, noch erweiterungsfähige Hafengruppe, die vier Häfen umfaßt. Von der Weser her zugänglich ist sie durch die 1931 eröffnete *Nordschleuse*, die mit 372 m Länge und 60 m Breite eine der größten der Welt ist. Sie mündet in ein Wendebecken, von dem aus die Kaiserhäfen, der Osthafen und der Nordhafen zugänglich sind. Der *Osthafen* (1961–70) dient vorwiegend als Erzhafen. Die Verladeanlage Weserport schlägt ca. 3,5 Mio. t Erz im Jahr um. Großer Erzverladebahnhof. Das Ende des Hafenbeckens dient dem sog. Lash-Verkehr (lighter aboard ship), bei dem große Seeschiffe kleine Binnenschiffseinheiten über den Ozean bringen, die dort auf den Flüssen weiterfahren. – Der *Nordhafen* (1959) hat an seinem östlichen Kai eine Roll-on/Roll-off-Anlage für Containerfracht und eine Auto-Umschlag-Anlage mit 544 500 m² Stellfläche.

Auf dem Gebiet zwischen Nordhafen und Weser erstreckt sich der **Container-Terminal „Wilhelm-Kaisen"** (1970–1983), auch Containerkreuz Bremerhaven genannt, das größte geschlossene Containergelände Europas. An der 3 km langen Stromkaje an der hier 14 m tiefen Weser arbeiten 14 Containerbrücken, vier weitere am Kai des Nordhafens, wo auch kombinierter Umschlag von Containern und rollender Ladung möglich ist.

Den Nordteil von Bremerhaven bildet der große Stadtteil *Lehe,* der von der Langener Landstraße (B 6) durchzogen wird und von der Autobahn her eine eigene Zufahrt hat. Der sich weit nach Nordosten erstreckende Stadtbezirk Leherheide ist ein weitläufiges Wohngebiet.

Lehe-Nord umschließt den großen, 1856 angelegten Stadtpark Speckenbüttel (63 ha), der das Nordsee-Stadion, ein Parkfreibad, einen Bootsteich, eine Tennisanlage, ein Jugendheim und die Gaststätte „Parkhaus" aufweist. Sein Hauptanziehungspunkt ist das **Freilichtmuseum Speckenbüttel,** das 1908 vom Bauernhausverein Lehe begründet wurde, um heimatliche Kulturdenkmäler des Weserraumes, insbesondere Bauernhäuser, zu erhalten. Zur Zeit stehen hier ein *Geesthaus von 1629* aus Lintig, ein *Haus aus Köhlen* (16. Jh.), das als Verwalterhaus dient, ein *Marschenhaus* aus der Osterstader Marsch, das 1967 wieder aufgebaut wurde, eine *Moorhütte* aus Kransmoor für Moorkolonisten und eine *Windmühle,* sog. „Erd-Holländer" von 1828, auf dem Mühlenberg (Öffnungszeiten → S. 98). In der Diele des Geesthauses spielt die Niederdeutsche Bühne „Waterkant" von Zeit zu Zeit Volksstücke.

4 km westlich von Speckenbüttel liegt am Ende der Wurster Landstraße der Stadtteil Weddewarden. Die in der Weser vorgelagerten künstlichen Inseln sollten der Verteidigung dienen. Sie sind jetzt unbenützt und unbetretbar.

HELGOLAND

Die Fahrt nach Helgoland

Helgolandfahrt mit dem Seebäderschiff von April bis September täglich um 9.45 Uhr ab Bremerhaven-Columbuskaje (Bundesbahnanschluß ab Bremen Hbf.). Rückkehr gegen 19 Uhr. Aufenthaltsdauer auf der Insel etwa 4 Std. – 4× tägl. Flüge (hin und zurück) ab Flugplatz Luneort, Tel. 0471/77188.
Zollfrei sind: 200 Zigaretten oder 50 Zigarren oder 100 Zigarillos oder 250 g Tabak; 1 l Spirituosen (mehr als 22%) oder 2 l Dessertwein bzw. Spirituosen (unter 22%); 500 g Kaffee, 100 g Tee, 50 g Parfüm, ¼ l Toilettenwasser, 5 kg Butter, 5 kg Käse; sonstige Waren für 115 DM.

Unmittelbar nach dem Ablegen sieht man die Einfahrt zur 372 m langen *Nordschleuse*. Anschließend wird die Containerkaje passiert, wo die Containerschiffe für kurze Lösch- und Ladezeiten festmachen. Weiter geht die Fahrt vorbei an den ehemaligen Forts, den Wattinseln *Langlütjen I und II,* im Fahrwasser der Außenweser. Die Wassertiefen auf der gesamten Außenweser betragen mindestens 12 m unter Seekartennull, d. h. bei Niedrigwasser stehen der Schiffahrt mindestens noch 12 m und bei Hochwasser 15,5 m Wassertiefe zur Verfügung. Nach etwa 10 Seemeilen (1 sm = 1,852 km) Fahrt erkennt man im Osten und im Westen an der Deichlinie die Küstenbadeorte des *Landes Wursten* und von *Butjadingen*. Von dort aus laufen die Krabbenfischer zum Krabbenfang aus. Bei Ebbe treten die an das Fahrwasser heranreichenden Schlick-Wattflächen und Sände hervor, und man erkennt ein verästeltes System kleiner, von den Gezeitenströmen gebildeter Wasserläufe, die *Priele*. Als eine der letzten Naturlandschaften Europas wurde das Watt 1974 unter Naturschutz gestellt.

Auf diesem Abschnitt der Reise stehen zu beiden Seiten des hier noch schmalen Fahrwassers eine Reihe fester Seezeichen. Während auf der Ostseite der markante, viereckige rote Leuchtturm *Robbenplate* mit der sich drehenden Radarantenne ins Auge fällt, stehen an der Westseite die schwarzweißen Richtfeuer *Wremerloch* und *Langlütjen*. Eine Richtfeuerlinie besteht jeweils aus einem hohen und einem niedrigen Feuerträger. Befindet sich aus der Sicht von der Brücke (Steuerstand) der höhere Turm genau hinter dem niedrigen bzw. bei Nacht das Oberfeuer genau über dem Unterfeuer, so fährt das Schiff genau in Fahrwassermitte.

Etwa in Höhe der roten Tonnen 34 bis 28 sieht man rechts hinter dem durch einen Leitdamm vom Hauptfahrwasser getrennten

Nebenfahrwasser vier ehemalige Leuchttürme, die vor 1922 den *Wurster Arm,* der damals Hauptfahrwasser war, bezeichneten. Heute dient der nördliche Turm (Obereversand) als Rettungsbake und Zufluchtstätte für Schiffbrüchige, während der Untereversandturm sowie der südliche Turm (Alt–Meyerslegde) mit einem Fernglas als Nistplätze der Kormorane ausgemacht werden können. Auf der Westseite rückt nun der älteste Leuchtturm der Außenweser, der 1856 erbaute Leuchtturm *Hoheweg* ins Blickfeld. Weiterhin erkennt man in der gleichen Richtung die Vogelschutzinsel *Alte Mellum* zwischen Weser und Jade sowie den an der Jademündung stehenden Leuchtturm *Mellumplate* (1941) mit zum Hubschrauberlandedeck ausgebautem Dach. Von der Vielzahl der auf der Mellumplate (Sand vor der Insel „Alte Mellum") gestrandeten Schiffe erkennt man auch bei Hochwasser noch das Wrack des Dampfers „Balmoral", 1967 gestrandet. Bei sichtigem Wetter ist im Süden auch Wilhelmshaven und im Westen die Küste des Jeverlandes klar zu sehen. Auf der Ostseite wird nun ein Sandriff, die Tegeler Plate, passiert, auf der man bei Ebbe manchmal Seehunde ausmachen kann. Die Weserfahrt wird in diesem Bereich durch den roten Leuchtturm *Tegelerplate* (1966) bezeichnet.

Weiter geht die Reise nordwärts in das freie Seegebiet zwischen dem weltbekannten Leuchtturm **Rotersand** (1882) und dem modernen Leuchtturm *Alte Weser* (1961/64) hindurch. Auch diese Leuchttürme sind wie alle anderen Türme der Außenweser unbemannt und werden von der Revierzentrale in Bremerhaven ferngesteuert und überwacht. Der Leuchtturm Rotersand (außer Betrieb) ist Kulturdenkmal. Nach Passieren der Schlüsseltonne, seit altersher die Ansteuerungstonne für die Weser (erstmals ausgelegt 1664), nimmt der Schiffsverkehr zu. Hier auf der „Drehscheibe" für den Verkehr sieht man Schiffe aus allen Ländern, die auf den Großschiffahrtswegen die Jade (Wilhelmshaven), die Weser (Bremerhaven) und Elbehäfen ansteuern.

Bei guter Sicht ist im Westen die Buhneninsel Minsener Oog und die markante Silhouette der Insel Wangerooge auszumachen. Weiterhin ist bei günstigem Wetter das *Weserfeuerschiff* und, wenn man dem Weg der zur Elbe fahrenden Schiffe weiterhin folgt, auch das *Feuerschiff Elbe 1* zu erkennen. Nach zweistündiger Fahrt kommt voraus die rote Felseninsel Helgoland in Sicht. Man erkennt auf dem Oberland nach und nach Leuchtturm, Signalstation, Kirche, das Unterland und schließlich die Reede mit ankernden Schiffen, den Südhafen sowie die Düne. Auf Helgoland-Reede geht das Schiff vor Anker und die Passagiere werden ausgebootet.

HELGOLAND
1:27 000
0 200 400 600m
1 Seemeile (sm) = 1,852 km
NORDREEDE
SÜDREEDE
(Ankerplatz der Seebäderschiffe)
DÜNE
Nordstrand
Südstrand
Aade
Dünenhafen
Dünenendamm West
Dünenendamm Ost
Flugplatz
Teich
Westbake
Ostbake
Dünen-Rest
Funkfeuer
Kinderspielplatz
Vogelbrutstätte
Camping u. Bungalowanlagen
Flugpl.-Rest.
FKK
Klippen
Pellworm
St. Peter
Büsum 35 sm
Elbe 1 15 sm Cuxhaven 35 sm
Hamburg 90 sm
Roter Sand 21 sm
Bremerhaven 45 sm
Südeinfahrt
Dünenfähre
Sylt
Hörnum 37,5 sm
Inselrundfahrt
NORDHORN
(Nathurn)
Petersens Horn
Hengst
Lummenfelsen
Breithorn
Jägersteig
Haus d. Jugend
NORDOSTGELÄNDE
Sportplatz
Nordostbollwerk
Nordost-Hafen
Kuranlagen
OBERLAND
UNTERLAND
MITTELLAND
Leuchtturm
Spitzhorn
Hoyshorn
Mönch
Binnenreede
Binnenhafen
Ökolabor der Biol. Anstalt
Ostmole
Südhafen
Yachthafen
Nebelsignal Süd
Vorhafen
Südmole
Blockvorlage
neue Westmole
alte Westmole
Hubschrauber Landeplatz
Anschüttung
Wilhelmshaven 40 sm
Wangerooge 24 sm
Klippen
NO
SW
Düne
Mittleres Hochwasser
Kreide
Muschelkalk
oberer Buntsandstein
mittlerer Buntsandstein
unterer Buntsandstein
oberer Zechstein
Reichsbohrung 1938
416m
718m
3010m
Steinsalz u. roter Salzton 1120m bis 1134m Anhydrit
Steinsalz des oberen Zechsteins
Steinsalz des mittleren Zechsteins
n. P. Schmidt-Thomé

Die Insel Helgoland

Auskunft: Kurverwaltung, Tel. 0 47 25/81 37 11/12/13, Fax 81 37 25, geöffnet Mo–Fr 9–16 Uhr, Sa 12–15, So 12-14 Uhr. Vermittlung von Zimmern, Veranstaltungen, Fahrkarten.

****Helgoland,** die einzige deutsche Felseninsel in der Nordsee, liegt in der „Deutschen Bucht", etwa 80 km vor Bremerhaven, 60 km vor Cuxhaven und 45 km vor der Halbinsel Eiderstedt. Der Kreis Pinneberg verwaltet es. Die etwa dreieckige Insel von 0,9 qkm Fläche gliedert sich in das große, senkrecht aus dem Meer aufsteigende *Oberland,* das kleine *Mittelland* im Süden, das *Unterland* vor seiner Ostkante, das im Zweiten Weltkrieg aufgeschüttete Nordostland östlich von der Hauptinsel und die durch eine Meeresstraße getrennte *Düne.* Von alters her ist Helgoland Sturmzuflucht für Schiffe, Nothafen der Kutterfischerei und Fangplatz für Hummer. Seine Schönheit, seine reine milde Meeresluft, die Kureinrichtungen und die Badedüne machen die Insel zu einem vielbesuchten Ausflugsziel und schon seit 1826 zu einem Nordseeheilbad. Die Lage außerhalb der Zollgrenzen führt zur Verbilligung beliebter ausländischer Waren. Die Biologische Anstalt und die Vogelwarte sind altberühmte Forschungsstätten. Die Insel hat etwa 1700 Einwohner, bietet 2000 Gästen Unterkunft und hat jährlich rund 700 000 Tagesgäste.

Geologisch bildet Helgoland eine Erhebung jener alten Landfläche der Triasformation am Grunde der Nordsee, die sonst von eiszeitlichen und nacheiszeitlichen Nordsee-Ablagerungen überdeckt ist, hier aber über den Meeresspiegel emporragt und vom Wogenprall aus ihrer weniger widerstandsfähigen Umhüllung befreit worden ist. Während der Kreide- und Tertiärzeit drangen entlang der Schwächezonen plastisch gewordene Zechsteinsalze auf und drückten Teilstücke der Deckschichten nach oben, wo sie später der Meeresbrandung ausgesetzt waren. Die Felswände zeigen Schichten von rotem und weißem Buntsandstein. Das ständige Weiterfressen des Meeres ist auf der Westseite von 1905 an durch eine Uferschutzmauer mehr und mehr eingedämmt worden. Bei einer Bohrung im Jahre 1938 traf man unter der 700 m starken Felsschicht auf ein Salzlager, das in mehr als 3000 m Tiefe noch nicht durchstoßen war und das die Gesteinsdecke über sich hochgedrückt hat. Auf das kräftige Farbenspiel der roten Felsen, des grünen Graslandes und der weißen Sanddüne weist der Spruch hin: „Grön is det Lun, road is de Kant, witt is de Sun, deet is det Woapen van't hillige Lun" (Grün ist das Land, rot ist die Kant, weiß ist der Sand, das sind die Farben von Helgoland).

Geschichte. Die schon in frühgeschichtlicher Zeit besiedelte Insel bildete für die Friesen ein heidnisches Heiligtum, das den Namen Forsetisland trug. Sie stand von 1490–1714 unter holsteinischer Herrschaft, kam dann an Dänemark und gehörte 1807–90 zu England. Von 1867 an hatte die Insel eigene Briefmarken (20 Werte). 1890 tauschte das Deutsche Reich Helgoland gegen die Schutzherrschaft über Sansibar und Wituland (Küstenlandschaft Kenias) ein und baute es zu einem Marinestützpunkt aus. Auch im Zweiten Weltkrieg diente die Insel wieder strategischen Zwecken. Am 18. April 1945 wurde sie bei einem großen Luftangriff schwer getroffen. Nach dem Kriegsende wurden die noch verbliebenen Bewohner evakuiert und am 18. April 1947 die Befestigungsanlagen und U-Bootbunker gesprengt, wobei gewaltige Felsmassen zusammenbrachen. Dabei entstanden die großen, kraterartigen Sprengtrichter und Schutthügel, welche heute das Mittelland bilden. Dann war die Insel Übungsziel der britischen Luftwaffe. Sofort nach der Freigabe der Insel am 1. März 1952 begann der Wiederaufbau.

Auf der Südostseite der Insel erstreckt sich der seit 1952 völlig neu erbaute Ortsteil auf dem **Unterland** mit den *Landungsbrücken,* dem *Kurhaus* und dem *Rathaus.* Eine überlebensgroße *Bronzebüste* (F. Schaper; 1892) erinnert an den Dichter Hoffmann von Fallersleben (1798–1874), der während seiner Verbannungszeit auf der damals englischen Insel am 26. August 1841 das Deutschlandlied („Deutschland, Deutschland über alles") schrieb, das sein Verleger Campe in Hamburg erwarb und ihm eine Melodie aus Haydns Kaiserquartett unterlegte. Weiter nördlich das sehenswerte *Seewasseraquarium* der Biologischen Forschungsanstalt, der *Jachthafen* und auf dem durch künstliche Anlandung entstandenen Nordostgelände die Kurmittelanlagen mit dem geheizten *Seewasser-Freischwimmbad,* dem Zentralkraftwerk, der Trinkwasseraufbereitungsanlage und dem Haus der Begegnung. Südwestlich vom Unterland das durch die Sprengung 1947 entstandene **Mittelland,** auf dem das Altersheim und das Krankenhaus der Insel erbaut wurden. – Weiterhin das ausgedehnte, künstlich angelegte Südhafengelände.

Das mit dem Unterland durch einen Aufzug und eine Treppe (181 Stufen) verbundene **Oberland** ist ein bis 61 m aus dem Meer aufragendes, nach der Inselsprengung kaum noch 1400 m langes und bis 500 m breites Felsdreieck, größtenteils flach und grün bewachsen. An seiner Ostseite wurde die Ortschaft wiederaufgebaut. In der Ortsmitte die *St.-Nikolai-Kirche* (1959), mit 33 m hohem Turm, der eine 40 Zentner schwere Glocke birgt, die an

Gedenktagen 5 Min. geläutet wird. Am nördlichen Ortsrand die große Schule und die an ihrer alten Stelle in der sog. „Sapskuhle" neu errichtete *Vogelwarte* (Führung während der Saison Di u. Fr 16.30 Uhr). Der ehem. Flakturm im Westen des Orts wurde als *Leuchtturm* eingerichtet (Blitzfeuer ca. 40 km weit sichtbar). An der Nordspitze, dem Nathurn, erheben sich der freistehende Felsen Hengst, auch „Lange Anna" genannt, und der von Lummen (oder Alken = Seevogelart) bewohnte Lummenfelsen. Sehr lohnend ist eine Rundwanderung auf dem 2,8 km langen *Klippenwanderweg mit Bänken, Treppen und Aussichtskanzeln. Eine Bootsfahrt um die Insel bietet die Möglichkeit, die großartigen Felsformationen und Abbrüche aus der Nähe zu betrachten. Am Falm, der Felskante zwischen Ober- und Unterland, eine Orientierungstafel mit Richtungsangaben für Leuchtfeuer.

Als Badestrand dient die etwa 1000 m östlich vom Unterland gelegene und von diesem durch einen weniger als 10 m tiefen Meeresarm (Fährboote) getrennte **Düne.** Am altbekannten schönen Südstrand ein Dünenpavillon, eine Umkleidehalle und eine kleine Ladenstraße. An der Südwestseite der Düne ein kleiner Hafen. Im Ostteil der Düne ein Flugplatz, ein Restaurant und eine Bungalowkolonie mit Campingplatz. Bademöglichkeit am Süd- und am Nordstrand. Drei kleine Süßwasserseen in tiefen Bombenkratern sind als Vogelschutzstätten hergerichtet. Auf der Düne befindet sich auch der Friedhof der Unbekannten, auf dem vom Meer angespülte Leichen beigesetzt werden.

REGISTER BREMEN

REGISTER BREMERHAVEN

Baedekers

Ihr Stadtführer

Programm

Augsburg	001
Bamberg	002
Basel	090
Berlin (kleine Ausgabe)	004
Berlin (große Ausgabe)	101
Bonn	066
Bremen/Bremerhaven	060
Celle	006
Darmstadt	083
Freiburg	010
Hannover	058
Heidelberg	013
Konstanz	062
Leipzig	025
Lübeck	019
Mainz	074
Mannheim	021
Nürnberg	024
Regensburg	026
Trier	030
Wiesbaden/Rheingau	076